EINFACH ITALIEN

EINFACH LECKER

EINFACH ITALIEN

EINFACH LECKER

Erlebe den Geschmack & die Freude
der italienischen Küche

Just Spices GmbH, 2020

Wir widmen dieses Buch unseren Spicebuddies: Euch, unseren treuen Freunden der besonderen Würze, unseren Liebhabern des guten Geschmacks, unseren Fans der italienischen Kochkunst. Ohne Eure Liebe für unsere Idee hätten wir niemals die Aromen unserer kulinarischen Weltreise in die Welt tragen können. Hätten nie die unfassbarsten Tricks der mediterranen Würze aus Mamma Lucias Dorfküche an Euren Herd bringen können. Und hätten niemals unsere kunterbunten Mischungen und Rezepte entwickelt.

Wir danken Euch von Herzen für Eure Treue, die Ihr uns seit Jahren entgegenbringt. Und wir sind glücklich über jeden Mix und alle Gerichte, die wir noch für und mit Euch kreieren dürfen. Danke! Auf alles, was noch kommt.

Eure Just Spices Family

Inhalt

Ciao Spicebuddy, Freund und Freundin der italienischen Aromen,

wie schön, dass Du unser zweites Kochbuch „Einfach Italien – Einfach Lecker“ in den Händen hältst. Hier erwarten Dich gut gehütete Tipps & Tricks der italienischen Kochkunst, Antipasti und Hauptspeisen mit mediterranem Flair und raffinierte Desserts mit extra viel Amore.

Für Dich haben wir die kulinarischen Highlights unserer Reise durch Italien zusammengetragen und die geschmackvollsten Kreationen des Südens in diesem Kochbuch vereint. Wir zeigen Dir, wie Du das italienische Kochhandwerk à la Just Spices erlernen und easy in Deinen kulinarischen Alltag integrieren kannst. Ganz „Einfach Italien“ eben.

Aber zuallererst möchten wir uns bei Dir vorstellen! Wir wollen ja nicht unhöflich sein.

WIR, JUST SPICES

Wir sind Just Spices, ein junges Gewürz-Unternehmen aus Düsseldorf. Vielleicht kennst Du unsere kunterbunten Gewürzdosen mit den Gesichtern auf der Verpackung schon länger, vielleicht bist Du aber auch erst durch dieses Buch auf uns gestoßen.

So oder so möchten wir Dir sagen, dass wir uns unglaublich freuen, dass Du dieses mediterrane Kochabenteuer mit uns starten möchtest.

UNSERE VISION: MAKE EVERY DISH TASTY

Wir haben es uns seit unserer Gründung 2014 zur Aufgabe gemacht, frischen Wind in die Küchen zu bringen und wieder mehr Leute für das Kochen zu begeistern. Wir wünschen uns, dass leidenschaftliche Hobbyköche genauso wie absolute Koch-Anfänger ganz easy tolle Gerichte zaubern können, die perfekt abgeschmeckt sind.

Unsere Vision: MAKE EVERY DISH TASTY – mit ausgefallenen, kunterbunten Mischungen, die nichts als pure Gewürze und Kräuter enthalten. Keine Geschmacksverstärker, keine unnötigen Zusätze – Just Spices.

SO FIX & SO FEIN: IN MINUTES

2018 haben wir einen weiteren Schritt gemacht und die Welt der Fix-Gerichte aufgemischt. Wir fanden: Auch superschnelle Kreationen müssen frisch und frei von künstlichen Zusätzen sein. Wir haben monatelang getüftelt und im November 2018 endlich unser neues Herzensprojekt auf den Markt gebracht: Just Spices IN MINUTES.

Mit 27 bunten Tüten haben wir für eine Revolution im Fix-Regal gesorgt: schnelle Rezepturen, die spielend leicht gelingen und sogar Bio-Qualität besitzen.

Wir haben neben absoluten Klassikern wie Bolognese oder Lasagne auch Tüten für fancy Food-Trends entwickelt, wie zum Beispiel für Shakshuka oder unseren heiß geliebten Avocado-Linsen-Salat.

UNSERE LEIDENSCHAFT? DEINE FREUDE AN GUTEM ESSEN!

Jeden Tag arbeiten wir mit Leidenschaft daran, Dir den größtmöglichen Genuss mit kreativen Kreationen auf den Teller zu zaubern. Wir sind stets im Austausch mit unseren Würzbuddies, die wie wir immer aufs Neue versuchen, Dich kulinarisch maximal glücklich zu machen.

UNSERE INSPIRATION

Du! Dein Geschmack, Deine Wünsche und Dein persönliches Genuss-Glück.

Unser unfassbares Team, das jeden Tag alles gibt, um Deinen Geschmack zu treffen und Deinen kulinarischen Horizont mit kreativen Gerichten zu erweitern.

Und last but not least: die besten Köche verschiedenster Länder dieser Welt, die wir auf unserer Weltreise zu unseren Anfangszeiten von Just Spices kennenlernen durften. So auch Mamma Lucia, die wir in Italien getroffen haben und von der wir Dir später mehr berichten werden.

Also, wie sieht's aus? Kommst Du mit uns nach Italien? Wir nehmen Dich mit auf eine kleine Reise zum Anfang unserer würzigen Mission – auf geht's nach Bella Italia, Ragazzi!

BOLOGNESE
GEWÜRZ

TASTY ITALIAN FOOD

EINE REISE DURCH DIE SONNIGE KÜCHE DES SÜDENS

Als wir zu Beginn unseres Weges mit Just Spices unsere Weltreise geplant haben, war uns eines von Anfang an klar: Neben der Soulfood-Küche der USA und den exotisch-„curryosen" Aromen Indiens möchten wir die Kochkunst eines Landes ganz besonders gut kennenlernen: die Küche der sonnengereiften Tomaten, der frischen Zitronen, der duftenden Kräuter.
Kurzum – die Küche Italiens.

ITALIEN, DAS LAND DER GENIESSER

Kaum ein Land lebt die Idee des Genießens so sehr wie Bella Italia. Ganz gleich ob leichte Vorspeise, herzhafter Hauptgang oder unsere geliebten Dolci – in Italien liebt und lebt man eine frische, sonnige, herzerwärmende Kochkunst. Die Zutaten sind hoch aromatisch, die Rezepturen simpel und „ehrlich".

Gegessen wird zusammen an einer riesigen Tafel mit Freunden und Familie bis spät in die Nacht hinein. Gutes Essen in bester Gesellschaft ist für die Italiener ein so wichtiger Bestandteil des Lebens. Das wollten wir aus erster Hand erleben und dieses Lebensgefühl, diese Freude in unseren Rezepturen mit nach Hause bringen.

AUF DER SUCHE NACH AUTHENTISCHEN AROMEN

Gesagt, getan. Unsere erste Station in Italien war die wunderschöne Hauptstadt Rom. Von dort aus ging es quer durchs Land, immer wieder machten wir hungrig halt in den kleinsten Dörfern. Wir fragten uns durch mit Händen und Füßen, auf Englisch, auf Deutsch und sogar auf Spanisch. Wir wollten erfahren, wo wir typisch italienisch essen und kochen konnten.

In der Nähe von Napoli, in einem winzig kleinen, ganz typischen italienischen Dorf, war die Antwort auf unsere Frage eigentlich immer nur eine: „Mamma Lucia!" „Lucia!", wir wissen gar nicht mehr, wie oft ihr Name gefallen ist. Also machten wir uns auf die Suche nach der Frau, die die beste Köchin des ganzen Dorfes sein sollte.

ZUHAUSE BEI MAMMA LUCIA

Und wir fanden sie. In ihrem kleinen Reihenhaus, das durch einen wunderschönen, duftenden Zitronenbaum das einzige Haus in der Gasse war, das jede Menge Schatten bekam. Lucia, eine kleine, typisch italienische „Nonna" um die 60 mit einem unfassbar herzlichen Lachen, begrüßte uns freundlich. Sie kam gerade aus ihrem Gemüsegarten, hatte Tomaten geerntet, die so unglaublich rot waren, wie wir es gefühlt noch nie gesehen hatten. Sie bat ihren Sohn Carlo, der mit ihr in dem kleinen Haus lebte, uns etwas zu trinken zu bringen.

So saßen wir in Lucias Garten und tranken Kaffee, bis sie plötzlich aufstand und uns zu verstehen gab, dass sie nun das Abendessen vorbereiten musste. Wir blieben noch kurz sitzen und sprachen mit Carlo, der uns auf Englisch erklärte, dass Lucia ein winziges Restaurant führe. Aber nur auf Anfrage. Für Freunde und Familie. Sie kochte nur für Leute, die sie gern hatte. Und heute sollten auch wir ihre Gäste sein.

EIN RESTAURANT FÜR FREUNDE & FAMILIE

Gleich neben ihrem Wohnhaus befand sich das kleine Restaurant. Es war wirklich winzig, aber es hatte einen wunderschönen, kleinen Innenhof. Als wir in die Küche kamen, war Lucia schon mitten in den Vorbereitungen, wuselte herum, hatte sich eine Haube auf den Kopf gesetzt und eine weiße Kochschürze umgebunden.

Wir durften mit ihr kochen, sie gab uns Anweisungen, erklärte uns genau, was wir zu tun hatten, Carlo übersetzte und half uns. So ging es den ganzen Abend, wir kochten Bolognese, machten Tomatensalat mit frischen Kräutern, lernten, wie man selbst frische Tagliatelle zubereitet.

DAS ENDE EINER REISE, DER BEGINN EINER LIEBE

Rückblickend können wir sagen, dass wir an diesem Abend mit Lucia so viel über die italienische Küche erfahren haben wie sonst in unserem gesamten Leben nicht. Wir lernten neue geschmackliche Kombinationen kennen, aber auch wertvolle Tricks, wie zum Beispiel Pastasoßen mit heißem Nudelwasser schön cremig zu machen. Lucias Kochkunst war ehrlich, reduziert auf wenige Zutaten, fokussiert auf Frische, auf Geschmack. Kein Schnickschnack, nur beste Aromen.

Wir aßen im Innenhof, die Sonne ging unter und wir waren tatsächlich bei unserer allerletzten Station unserer so unfassbar inspirierenden Weltreise angekommen. Dieser Abend, der zur Nacht wurde, war für uns definitiv ein Schlüsselmoment.

MAMMA LUCIA AUF UNSEREN BUNTEN DOSEN

Wir kamen nach Hause mit unseren Köpfen voller schöner Erinnerungen und leckerer Rezepte. Wir gaben uns die größte Mühe, Lucias Rezepturen in unseren Mischungen aufleben zu lassen und wir verewigten ihr Gesicht auf unseren Dosen. Ihr verdanken wir einen unserer absoluten Klassiker: unseren Italian Allrounder, der mit voller Kräuterkraft in jedes Gericht eine Prise Sonnenschein zaubern kann.

UNSERE WERTE IN LUCIAS KÜCHE

Eine Sache haben wir bemerkt, als wir uns für dieses Kochbuch zusammengesetzt und an unsere unglaubliche Zeit in Italien zurückgedacht haben: Lucia hat die Werte, die wir vom ersten Moment an als Just Spices vertreten, auch in ihrer Lebensart verkörpert.

Das Konzept der Familie ist Lucia wie auch uns heilig. Wir sehen uns bei Just Spices als eine Gemeinschaft, die einander hilft, die zusammenhält wie eine Family, die sich unterstützt, sich stetig mit neuen Ideen beflügelt und füreinander da ist.

Stolz steckt auch bei uns hinter allem, was wir tagtäglich tun. Stolz auf tolle Rezepte, auf die eigene Idee, stolz auf das, was man erschaffen hat und zukünftig noch kreieren wird – und was uns am meisten mit Stolz erfüllt: unser unglaubliches, unendlich leidenschaftliches Team.

Leidenschaft ist die Basis unserer Idee. Sie verbirgt sich hinter allen Mischungen, hinter jedem Gericht, das Ihr zu Hause nachkocht, steckt in wirklich ALLEM, was wir täglich tun. Leidenschaft ist das, womit wir mehr Leute für das Kochen begeistern und kunterbunte Freude an den Herd bringen möchten. Wir brennen für gutes, leckeres Essen und diese kulinarische Leidenschaft tragen wir in die Welt hinaus.

Ein Wert, den wir bei Just Spices jeden Tag sehen, leben und mit all unserer Kraft unterstützen, ist Mut. Den Mut zu haben, seine Leidenschaft zu leben und auch Hindernisse voller Vertrauen zu meistern. Mut, immer weiter zu gehen und nie aufzuhören, sich neue Ziele zu setzen.

Unternehmergeist. Für uns bei Just Spices unfassbar zentral sind: neue Ideen, kreative Rezepte und unkonventionelle Herangehensweisen. Wir lieben es, unserer Family dabei zuzusehen, wie sie sich entwickelt und unsere Vision, jedes Gericht leckerer zu machen, jeden Tag lebt.

Und zu guter Letzt: Freude. Lucia liebt das Kochen. Wir lieben das Kochen. Wir begeistern uns für kreative Gerichte, die in den Alltag passen, einfach, schnell und frisch sind und gleichzeitig wahnsinnig gut schmecken. Diese Freude teilen wir, seitdem es Just Spices gibt, jeden einzelnen Tag voller Begeisterung mit unseren Würzbuddies und sind überglücklich, dass auch Du diese Freude beim Kochen erleben kannst.

Diese Grundrezepte sind der Ausgangspunkt Deiner kulinarischen Reise durch Italien und bringen Dir das Handwerk der italienischen Kochkunst in ganz leichten Schritten näher. Hier lernst Du, wie Du die jeweilige Speise genau zubereitest und erfährst darüber hinaus die wichtigsten Fakten zu dem jeweiligen italienischen Klassiker. Zudem möchten wir an dieser Stelle auch ein paar Mythen zur Aussprache der italienischen Kreationen klären. (Spoiler: Es heißt weder „Notschi“ noch „Gnokki“ noch „Knochi“).

Natürlich musst Du Gnocchi, Tagliatelle & Co. nicht immer selbst zubereiten, sondern kannst auch mal auf die gekaufte Variante aus dem Supermarkt zurückgreifen. Aber hast Du die Grundrezepte einmal selbst zubereitet, wirst Du schnell feststellen: Selfmade sind sie supereasy und geschmacklich einfach unglaublich.

FEINARBEIT: DIE WEITERENTWICKLUNGEN

Auf den Folgeseiten bieten wir Dir zu den jeweiligen Grundrezepten einige Ideen zur Weiterentwicklung von Pasta, Risotto & Co. So kannst Du zum Beispiel am Wochenende unseren leckeren Pizzateig nach dem Grundrezept zubereiten, Dich unter der Woche durch unsere verschiedenen Pizzarezepte probieren und vielleicht so Deinen neuen Lieblingsbelag finden.

Mit diesem Prinzip kannst Du Deine Mahlzeiten gleich für mehrere Tage vorbereiten und sparst eine Menge Zeit und Aufwand.

EIN BUCH DER ITALIENISCHEN LEBENSART

Genau aus diesem Grund haben wir uns auch entschieden, dieses Buch zu schreiben. Das, was wir von Lucia gelernt haben, war viel zu viel, viel zu wertvoll, als dass wir es nicht in aller Fülle mit Dir teilen wollen.

Wir möchten Dir nun ein Buch an die Hand geben, das die authentischen Aromen Italiens und die unverfälschte Kunst der Zubereitung italienischer Klassiker in Deine Küche bringt, dabei superleicht umzusetzen ist und in Deinen persönlichen Alltag passt. „Einfach Italien“ eben.

DIE KLASSIKER ITALIENS IN EINFACHEN GRUNDREZEPTEN

Wir haben uns diesmal dazu entschieden, Dir die wichtigsten Basics der italienischen Küche in aller Genauigkeit vorzustellen. Deshalb haben wir übergeordnete Grundrezepte entwickelt, die wir der Übersichtlichkeit halber immer auf hellblaue Seiten gedruckt haben. So findest Du hier unsere Step-by-Step-Anleitung für Ciabatta, Tomatensoße,Tagliatelle, Gnocchi, Pizza und Focaccia.

EINFACHE KATEGORIEN FÜR EINE SCHNELLE ORIENTIERUNG

Damit Du Dich optimal durch unsere italienischen Favoriten kochen kannst, haben wir für die verschiedenen Kategorien Icons entwickelt, die Du immer oben neben den Rezepten findest. So kannst Du ganz schnell einschätzen, wie das Rezept aufgebaut ist und welche Besonderheiten es hat.

Vegetarisch: Wenn Du Vegetarier bist oder Inspiration für fleischlose Gerichte brauchst, wirst Du hier fündig. Für Veganer gilt: Diese Rezepte lassen sich natürlich auch super einfach vegan auf den Teller zaubern.

Vegan: Wenn Du vegan lebst, haben wir hier die richtigen Gerichte für Dich.

Unter 30 Minuten zubereitet: Schnell und einfach gemacht bieten Dir diese Gerichte auch bei besonders kleinen Zeitfenstern den perfekten Genuss.

Lässt sich gut vorbereiten: Diese Gerichte kannst Du super vorbereiten, sodass Du sie, wann Du willst, mit wenigen Handgriffen vollenden kannst. Perfekt geeignet, wenn Dein Abendprogramm keine großen Kochsessions zulässt oder Du am nächsten Tag Freunde für ein gemeinsames Dinner erwartest.

Macht sich fast von allein: Diese Rezepte haben zwar eine längere Zubereitungszeit, erfordern aber nur wenig Aufmerksamkeit von Dir. Es sind die Kreationen, die es Dir als Koch erlauben, nebenbei viele andere Handgriffe zu erledigen, sei es, die Küche schon mal aufzuräumen, den Tisch schön herzurichten oder was auch immer Dir gerade einfällt.

Mit Grundrezept gekocht: Diese Rezepte haben als Basis eines unserer Grundrezepte. Der Vorteil für Dich: Du kannst das Grundrezept zum Beispiel am Wochenende vorbereiten, es abgedeckt im Kühlschrank aufbewahren und die Kreationen mit diesem Icon unter der Woche ganz schnell und einfach zubereiten.

Aus der Vorratskammer: Für diese Gerichte musst Du nicht extra einkaufen gehen, wenn Du Deine Vorratskammer mit Zutaten wie Mehl, Konserven, Pasta, Reis, Essig & Öl bestückst, die Du lagern und auf die Du jederzeit zurückgreifen

Übrigens: Wir haben für jedes Gericht die Nährwerte berechnet. Du findest sie am Ende des Buches. Wenn Du also mehr über Kalorien oder sonstige Nährwerte wissen möchtest, kannst Du dort nachsehen.

BOLOGNESE GEWÜRZ
JUST SPICES
GEWÜRZ
JUST SPICES
ITALIAN ALLROUNDER
JUST SPICES
BALSAMICO DRESSING MIX
JUST SPICES
MEAT ALLROUNDER
JUST SPICES

UNSERE BEST (WÜRZ-)BUDDIES

Bevor das große Schlemmen losgeht, möchten wir Dir noch die Mischungen vorstellen, die für die Rezepte in diesem Buch eine besonders wichtige Rolle spielen. Aus unseren mittlerweile über 100 Mischungen haben wir nämlich 16 ausgesucht, die wir in unseren Rezepten für „Einfach Italien – Einfach Lecker" verwendet haben.

So ist Dein neues Kochabenteuer für Dich so übersichtlich wie möglich. Diese Dosen brauchst Du für die perfekte Würze à la Bella Italia am häufigsten:

Italian Allrounder: *Die sonnigen Aromen Italiens vereint in einem Mix. Eine unserer Lieblingsmischungen – direkt aus Lucias Küche, deshalb trägt diese Dose auch eine Illustration der „Mamma".*

Pasta Allrounder: *Wir lieben ihn, Ihr liebt ihn – unser mediterraner Topseller, der ganz einfach jedem Nudelgericht das würzige Krönchen aufsetzt.*

Tomatensoße Gewürz: *Eine der wichtigsten Mischungen für dieses Buch und gleichzeitig der spicy Schlüssel zum Glück für unser ultimatives Tomatensoße-Grundrezept.*

Mediterraner Gemüse Allrounder: *Der Mix für die Prise Sonnenschein auf gemüsigen Beilagen, in Suppen oder auf Antipasti. Mmh, molto bene!*

Gemüsebrühe ohne Zucker: *Eine gute Gemüsebrühe ist ohnehin eine ganz zentrale Basic-Mischung in jeder Küche und sorgt auch in einigen Rezepten dieses Buches für die perfekte würzige Basis.*

Italian Stullen Spice: *Ciao, Traumstulle! Dieser Mix macht nicht nur Dein Brot zum Sunnyboy, sondern verfeinert auch Antipasti mit der Extraprise Amore.*

Kaffeekuss: *Bella Italia und Kaffee – eine Liebesgeschichte! Natürlich konnten auch wir nicht darauf verzichten, unseren sweeten Kaffeekuss für unsere italienischen Dolci zu verwenden.*

Und auch diese sonnigen Mischungen findest Du in einigen Rezepten: Bolognese Gewürz, Spinat Gewürz, Meat Allrounder, Carbonara Gewürz, Kakaokuss, Balsamico Dressing Mix, Aglio e Olio Gewürz, Roter Pesto Mix, Grüner Pesto Mix.

JETZT ABER: AUF INS MEDITERRANE KOCHABENTEUER!

Nun bist Du hoch aromatisch gerüstet für Dein kunterbuntes Kochabenteuer quer durchs sonnenverwöhnte Italien. Wir hoffen, Du schmeckst absolute Amore in den Kreationen und Deine Liebe zur italienischen Kochkunst wird mit diesem Buch auf ein neues Level gebracht.

Schlemmen wir uns gemeinsam durch Pizza, Pasta & Antipasti und holen wir zusammen die wunderbarsten mediterranen Aromen auf Deinen Teller.

Träumen wir uns mit jedem Gericht gemeinsam nach Italien! Wenn Du im kulinarischen Tagtraum Mamma Lucia begegnest, grüß sie von uns. Aber jetzt erst mal: Buon appetito! Wir hoffen, Du hast Hunger mitgebracht.

Florian, Ole & Bela

Antipasti

Ciabatta

[t͡ʃaˈbata]

Bedeutung: Pantoffel (wegen seiner typisch platten Form)

In Sachen Brot gibt es in Italien einen ganz klaren Star: Ciabatta! Es wird vor allem für seine sehr starke, wunderbar crunchy Kruste und sein fluffiges Inneres geschätzt. Das Geheimnis dieser unschlagbaren Argumente: Der Weizensauerteig wird zusätzlich mit Hefe verfeinert. Deshalb geht Ciabatta beim Backen so locker-luftig auf.

Fun Fact: Für einen Klassiker ist Ciabatta noch sehr jung! Der Geschichte nach wurde es Anfang der 1980er-Jahre das erste Mal in Venetien unter dem jetzigen Namen verkauft. Dafür hat es eine ziemlich steile Karriere im Food-Universum hingelegt. Zu Recht, wie wir finden!

Wenn wir an Ciabatta denken, erinnern wir uns immer an eine ganz besondere Situation: Wir in dem kleinen Dorf bei Napoli in Lucias Garten. Mamma Lucia verarbeitet sonnengereifte Tomaten aus ihrem Garten zu einem würzigen Salat. Einer der Gäste schneidet schon mal das Ciabatta – außen knusprig und innen superfluffig. Es war fast ein bisschen so, als wäre dieses Brot nur für den saftigen Tomatensalat erfunden worden.

Wir haben das frisch gebackene Ciabatta damals in Italien also als klassische Bruschetta kennen- und lieben gelernt. Deshalb haben wir für dieses Buch auch einige sehr verschiedene Varianten der Brot-Vorspeise entwickelt.

Eine Sache steht fest: Wer Ciabatta einmal selbst gebacken hat weiß, der etwas größere Aufwand und die Gehzeit des Teiges zahlen sich absolut aus! Klar, auf die Schnelle kann es auch mal ein fertiges Ciabatta zum Aufbacken sein. Aber frisch zubereitet und noch heiß aus dem Ofen ist das berühmte Weißbrot eine absolute Wohltat für jeden Gaumen.

Kleiner Tipp: Auch pur mit etwas Olivenöl beträufelt und mit Knoblauch verfeinert wird unser Ciabatta Dir ganz neue Geschmackswelten eröffnen. Noch einen guten Rotwein und etwas Käse dazu – schon ist der Appetizer für Deinen nächsten Abend mit Freunden perfekt!

Grundrezept Ciabatta

Knusprig von außen, butterweich von innen. Ciabatta ist der ofenfrische Traum zu würzigem Schinken, aromatischen Dips oder salzigen Oliven. Wie wäre es mit belegtem Ciabatta als Vorspeise? Frisches Olivenöl, crunchy Salzkristalle, hauchzarte Salami und frische Antipasti harmonieren perfekt mit dem italienischen Brotklassiker.

1 Ciabatta, à ca. 440 g
20 Minuten Zubereitung | 3 Stunden Teigruhe | 40 Minuten Backen

1/4 Würfel frische Hefe, à 42 g
200 ml Wasser
325 g Mehl, Type 405
1 EL Olivenöl
Salz

Die Hefe in einer Schüssel mit 200 ml lauwarmem Wasser auflösen, mit 1 EL Mehl verrühren und 15 Minuten gehen lassen.

Das restliche Mehl, 7 g Salz und das Öl in eine zweite große Schüssel geben und die aufgelöste Hefe dazugeben. Den Teig mit den Händen 5 Minuten gut durchkneten. Mit einem sauberen Küchentuch abdecken und an einem warmen Ort ca. 3 Stunden gehen lassen.

Den Teig auf eine bemehlte Oberfläche geben und behutsam zu einem ca. 30 cm langen Laib formen, ohne dabei zu viel Luft einzukneten. Den Teiglaib auf ein mit Backpapier ausgelegtes Backblech geben und abgedeckt erneut 30 Minuten gehen lassen.

Währenddessen den Backofen auf 250 °C (Umluft) vorheizen.

Auf den Boden des Backofens ein Glas Wasser ausschütten oder eine Schale mit Wasser stellen und das Backblech in den Ofen geben. Der Wasserdampf sorgt für die einzigartige Kruste des Ciabattas. Die Temperatur auf 230 °C reduzieren und das Brot für ca. 40–50 Minuten goldbraun backen. Herausnehmen, auf ein Gitter legen und komplett auskühlen lassen.

Tipp: Für ein noch fluffigeres Ergebnis kannst Du den Teig anstatt an einem warmen Ort abgedeckt im Kühlschrank 12 Stunden gehen lassen. Danach wie beschrieben weiterverarbeiten.

CIAO RAGAZZI! MACH' DEIN BUTTERBROT
ITALIAN
STULLEN
SPICE

Bruschetta al Pomodoro

geröstetes Ciabatta mit Tomaten

Bruschetta ist der Klassiker unter den italienischen Antipasti. Beim Schlendern durch die Gassen Neapels ist das knusprige Knoblauchbrot mit fruchtigen Tomaten die perfekte Stärkung an einem heißen Sommertag. Früher als Armeleuteessen und schnelles Frühstück in Mittelitalien bekannt, sind die belegten Ciabattascheiben heutzutage der Dauerbrenner in jeder Pizzeria.

4 Portionen | 20 Minuten

(+ Grundrezept S. 22)

1 Grundrezept Ciabatta von S. 22 oder
1 gekauftes Ciabatta, à ca. 440 g

6 EL Olivenöl
1 Knoblauchzehe
3 Fleischtomaten
1 Zwiebel, rot
1 Bund Basilikum
1 TL Balsamicoessig, hell
Salz
8 Pr. Just Spices Italian Stullen Spice

Das selbst gemachte Ciabatta wie auf Seite 22 beschrieben zubereiten. Alternativ das gekaufte Ciabatta verwenden.

Das Ciabatta in ca. 2 cm dicke Scheiben schneiden. In einer Pfanne 5 EL Olivenöl erhitzen und die Brotscheiben von jeder Seite bei mittlerer Hitze 2 Minuten knusprig braten. Den Knoblauch schälen, halbieren, das warme Brot damit einreiben und beiseitestellen.

Die Tomaten waschen, vom Strunk befreien, halbieren, klein schneiden und in einem Sieb abtropfen lassen. Die Zwiebel schälen, halbieren, fein würfeln und mit den Tomaten in eine Schüssel geben. Das Basilikum waschen, trocken tupfen und in feine Streifen schneiden.

1 EL Olivenöl und den Balsamicoessig zu den Tomaten geben und mit 2 Prisen Salz würzen. Das Basilikum dazugeben, auf den Brotscheiben verteilen und jede Brotscheibe mit 1 Prise Italian Stullen Spice würzen.

Tipp: Diese Vorspeise lässt sich problemlos am Tag zuvor vorbereiten: Die abgekühlten Brotscheiben luftdicht verpacken, den Tomatensalat abgedeckt im Kühlschrank lagern und eine halbe Stunde vor Verwendung herausholen.

Bruschetta con Funghi

geröstetes Ciabatta mit Thymian & Pilzen

Lust auf einen krossen Appetithappen? Die Italiener nennen ihn Bruschetta, gesprochen „Brusketta“ – das Brot wird dafür traditionell über dem Feuer geröstet und erst danach belegt, zum Beispiel mit gebratenen Pilzen und Thymian. Das ist übrigens der Unterschied zu den kleineren Crostini, die werden schon vor dem Rösten belegt. Klingt nach dem perfekten Abendbrot.

4 Portionen | 20 Minuten
(+ Grundrezept S. 22)

1 Grundrezept Ciabatta von S. 22 oder
1 gekauftes Ciabatta, à ca. 440 g

6 EL Olivenöl
2 Knoblauchzehen
350 g Champignons
1 Zwiebel
1 Bund Thymian
2 TL Balsamicoessig, dunkel
3 Pr. Just Spices Italian Allrounder

Das selbst gemachte Ciabatta wie auf Seite 22 beschrieben zubereiten. Alternativ das gekaufte Ciabatta verwenden.

Das Ciabatta in ca. 2 cm dicke Scheiben schneiden. In einer Pfanne 5 EL Olivenöl erhitzen und die Brotscheiben von jeder Seite bei mittlerer Hitze 2 Minuten knusprig braten. 1 Knoblauchzehe schälen, halbieren, das warme Brot damit einreiben und beiseitestellen.

Die Champignons putzen und in ca. 1 x 1 cm große Würfel schneiden. Die Zwiebel schälen, halbieren und fein würfeln, die übrige Knoblauchzehe schälen und fein hacken. Den Thymian waschen, trocken tupfen, die Blätter abzupfen und ebenfalls fein hacken.

In einer Pfanne 1 EL Olivenöl erhitzen und die Pilze 3 Minuten bei starker Hitze braten. Die Zwiebelwürfel und den gehackten Knoblauch hinzufügen und 2 Minuten mitbraten. Den Thymian hinzufügen, mit dem Italian Allrounder würzen und mit dem Balsamicoessig ablöschen.

Die Pilze abkühlen lassen, auf den Brotscheiben verteilen und sofort servieren.

Tipp: Dieser Leckerbissen lässt sich prima vorbereiten. Die abgekühlten Brotscheiben luftdicht verpacken, die gebratenen Pilze abgedeckt im Kühlschrank lagern und eine halbe Stunde vor Verwendung herausholen.

ITALIAN
ALLROUNDER

Paprika-Bruschetta

geröstetes Ciabatta mit Paprika

Allein der Anblick dieser farbenfrohen Paprika-Bruschetta macht uns richtig gute Laune. Geröstet wird bei dieser Variante nicht nur das Brot, sondern auch der Belag. So nimmt die Paprika im Ofen eine besonders aromatische Würze an.

4 Portionen | 35 Minuten

(+ Grundrezept S. 22)

1 Grundrezept Ciabatta von S. 22 oder
1 gekauftes Ciabatta, à ca. 440 g

6 EL Olivenöl
3 Knoblauchzehen
2 Paprika, rot
1 Paprika, gelb
1 Zwiebel, rot
4 Pr. Just Spices Roter Pesto Mix

Das selbst gemachte Ciabatta wie auf Seite 22 beschrieben zubereiten. Alternativ das gekaufte Ciabatta verwenden. Den Backofen auf 250 °C (Ober-/Unterhitze) vorheizen.

2 Knoblauchzehen schälen, in ca. 1 cm dicke Scheiben schneiden und auf ein mit Backpapier ausgelegtes Backblech geben. Die Paprikas waschen, vierteln, entkernen und mit einem Messer die weißen Fasern entfernen. Die Paprika mit der Haut nach oben über den Knoblauch legen, mit 1 EL Olivenöl beträufeln und auf die oberste Schiene des Backofens schieben. 10–15 Minuten backen lassen, bis die Haut der Paprika dunkel geröstet ist. Die Paprika in eine Schüssel mit kaltem Wasser geben und 10 Minuten auskühlen lassen.

Das Ciabatta in ca. 2 cm dicke Scheiben schneiden. In einer Pfanne 5 EL Olivenöl erhitzen und die Brotscheiben von jeder Seite bei mittlerer Hitze 2 Minuten knusprig braten. 1 Knoblauchzehe schälen, halbieren, das warme Brot damit einreiben und beiseitestellen.

Die Paprika aus dem Wasser nehmen und die Schale mit einem kleinen Messer abziehen. Die geschälte Paprika in feine Würfel schneiden und in eine Schüssel geben. Die Zwiebel schälen, halbieren, fein würfeln, zu der Paprika geben und mit dem Roten Pesto Mix würzen. Den Paprikasalat auf den gerösteten Brotscheiben verteilen, 2 Minuten durchziehen lassen und servieren.

Tipp: Diese Vorspeise lässt sich problemlos am Tag zuvor vorbereiten: Die abgekühlten Brotscheiben luftdicht verpacken, den Paprikasalat abgedeckt im Kühlschrank lagern, eine halbe Stunde vor Verwendung herausholen und anrichten.

Auberginen-Bruschetta

geröstetes Ciabatta mit Aubergine

Hast Du Lust auf etwas Leichtes am Feierabend? Dann mach es wie die Italiener und gönn Dir eine knusprige Bruschetta. Die klassische Variante mit Tomate ist lecker, aber etwas Abwechslung auf dem Teller ist auch nicht verkehrt. Gebratene Auberginenwürfel machen sich sehr gut auf gerösteten Ciabattascheiben. Frisch zubereitet schmeckt die Aubergine auch wunderbar warm aus der Pfanne.

4 Portionen | 20 Minuten

(+ Grundrezept S. 22)

1 Grundrezept Ciabatta von S. 22

oder 1 gekauftes Ciabatta, à ca. 440 g

7 EL Olivenöl

1 Knoblauchzehe

2 Auberginen

1 Zwiebel, rot

Salz

5 Pr. Just Spices Spinat Gewürz

Das selbst gemachte Ciabatta wie auf Seite 22 beschrieben zubereiten. Alternativ das gekaufte Ciabatta verwenden.

Das Ciabatta in ca. 2 cm dicke Scheiben schneiden. In einer Pfanne 5 EL Olivenöl erhitzen und die Brotscheiben von jeder Seite bei mittlerer Hitze 2 Minuten knusprig braten. Den Knoblauch schälen, halbieren, das warme Brot damit einreiben und beiseitestellen.

Die Auberginen waschen, längs halbieren und in ca. 1 x 1 cm große Würfel schneiden. Die Zwiebel schälen, halbieren und in feine Würfel schneiden. In einer Pfanne 2 EL Olivenöl erhitzen und die Auberginen 5 Minuten bei starker Hitze braten. Die Zwiebel hinzufügen und 2 Minuten mitbraten. Mit 1 Prise Salz und dem Spinat Gewürz würzen und in einer Schüssel abkühlen lassen.

Die gebratenen Auberginenwürfel auf den Brotscheiben verteilen und sofort servieren.

Tipp: Diese Vorspeise lässt sich problemlos am Tag zuvor vorbereiten: Die abgekühlten Brotscheiben luftdicht verpacken, die gebratenen Auberginenwürfel abgedeckt im Kühlschrank lagern und eine halbe Stunde vor Verwendung herausholen.

SPINAT
GEWÜRZ

Panini Parma e Mozzarella

knuspriges Ciabatta mit Parmaschinken

Stell Dir vor, Du sitzt an einem sonnigen Tag in Rom auf dem Markt am Campo de' Fiori mit einem Espresso, Acqua e Limone und einem knusprig gebackenen Ciabatta. Außen crunchy, innen ganz soft. Das Panino ist im Fluge verputzt, doch der Gedanke an die Sonnenstrahlen, den würzigen Schinken, den schmelzenden Mozzarella und das fruchtige Tomaten-Chutney bleibt. Hach, Bella Italia!

4 Portionen | 30 Minuten

(+ Grundrezept S. 22)

2 Grundrezepte Ciabatta von S. 22
oder 2 gekaufte Ciabattas, à ca. 440 g

Für das Tomaten-Chutney:

1 Zwiebel, rot
2 Knoblauchzehen
2 Rispentomaten
1 EL Olivenöl
Salz
5 Pr. Just Spices Roter Pesto Mix

2 Handvoll Rucola
1 Laib Mozzarella, à 125 g
4 EL Olivenöl
120 g Parmaschinken, in Scheiben

Das selbst gemachte Ciabatta wie auf Seite 22 beschrieben zubereiten. Alternativ das gekaufte Ciabatta verwenden.

Für das Tomaten-Chutney die Zwiebel schälen, halbieren und in feine Würfel schneiden. Den Knoblauch schälen und fein hacken. Die Tomaten waschen, halbieren und grob würfeln. In einem Topf 1 EL Olivenöl erhitzen, die Zwiebelwürfel und den Knoblauch bei mittlerer Hitze 3 Minuten anbraten. Den Roten Pesto Mix und 1 Prise Salz hinzufügen und 2 Minuten mitbraten. Die Tomatenwürfel hinzufügen, die Hitze reduzieren, 10 Minuten köcheln lassen und beiseitestellen.

Die Ciabattas der Länge nach halbieren. Den Rucola waschen, trocken schleudern und den Mozzarella in dünne Scheiben schneiden.

Jeweils 2 EL Tomaten-Chutney auf die unteren Hälften der Ciabattas geben und auf die oberen Hälften je 2 EL Olivenöl träufeln. Den Rucola auf dem Chutney verteilen und mit Parmaschinken und Mozzarella belegen. Die oberen Hälften auflegen, mit den Händen platt drücken und mit einem Messer in je zwei gleich große Stücke teilen, sodass insgesamt 4 Panini entstehen.

Eine Grillpfanne erhitzen, die Panini hineinlegen, mit einem schweren Topf beschweren, bei mittlerer Hitze 3 Minuten von jeder Seite knusprig grillen und warm servieren.

Frittata

italienisches Omelett mit Gemüse

Omelett all' Italiana: Gebacken im Ofen und serviert mit frischem Gemüse kann die Frittata als Vorspeise serviert werden. Die leichte Eierspeise liefert mit würzigem Parmesan und knackigem Gemüse einen tollen Einstieg in ein italienisches Menü.

4 Portionen

10 Minuten Zubereitung | 25 Minuten Backen

6 Eier

100 ml Milch

100 g Parmesan, gerieben

100 g grüne Bohnen

1 Paprika, rot

½ Zucchini

1 EL Olivenöl

Salz

6 Pr. Just Spices Mediterraner Gemüse Allrounder

In einer großen Schüssel die Eier zusammen mit der Milch verquirlen und den geriebenen Parmesan unterrühren. Mit dem Mediterranen Gemüse Allrounder und 2 Prisen Salz würzen.

Die Bohnen waschen, die Enden abschneiden und dritteln. Die Paprika waschen, halbieren, entkernen, mit einem Messer die weißen Fasern entfernen und in ca. 2 x 2 cm große Würfel schneiden. Die Zucchini waschen, halbieren und das Ende abschneiden, längs vierteln, das Kerngehäuse schräg herausschneiden und in ca. 2 cm breite Scheiben schneiden.

Den Backofen auf 180 °C (Umluft) vorheizen.

Das Olivenöl in einer ofenfesten Pfanne erhitzen und die Bohnen bei starker Hitze 5 Minuten braten. Paprika und Zucchini hinzufügen und 2 Minuten mitbraten. Die Eiermasse dazugeben und bei mittlerer Hitze unter Rühren 1 Minute stocken lassen. Die Pfanne ca. 20–25 Minuten in den Backofen geben und fertig backen.

Das Omelett aus dem Ofen nehmen, 10 Minuten abkühlen lassen und zum Servieren in kleine Stücke schneiden.

Tramezzini

italienisches Sandwich

Die pikanten Weißbrot-Sandwiches, die Dich durch die Fensterscheibe der kleinen Bar in Turin anlachen, heißen Tramezzini. Oliven, Rucola und Zucchini geben dem klassischen italienischen Toastbrot ein mediterranes Update und sind die perfekte Stärkung bei einem Stadtbummel. Probier die dreieckigen Stullen auch zu Hause als Fingerfood mit Italien-Feeling bei einer Grillparty, einem Ausflug oder Picknick.

4 Portionen | 10 Minuten

200 g Oliven, schwarz, entsteint
50 ml Olivenöl
2 Handvoll Rucola
1 Zucchini
1 EL Balsamicoessig, hell
4 Scheiben Tramezzini-Brot, à 60 g
Salz
5 Pr. Just Spices Aglio e Olio Gewürz

Die Oliven in ein hohes Gefäß geben, das Olivenöl hinzufügen, mit einem Pürierstab zu einer homogenen Masse mixen und beiseitestellen. Den Rucola waschen, trocken schleudern und klein zupfen.

Die Zucchini waschen, die Enden abschneiden, mit einem Sparschäler in Streifen schälen, in eine Schüssel geben und mit dem Balsamicoessig, dem Aglio e Olio Gewürz und 1 Prise Salz würzen.

Die 4 Tramezzini-Scheiben mit der Olivenpaste bestreichen. 2 Scheiben jeweils mit Zucchini und Rucola belegen. Die 2 unbelegten Scheiben auflegen, die Brote mit einem Messer in dreieckige Sandwiches schneiden und übereinanderstapeln.

Tipp: Du kannst für das Rezept natürlich auch ganz normales Toastbrot verwenden. Einfach 8 Scheiben nehmen und den Rand abschneiden. 2 Scheiben entsprechen dann einer Tramezzini-Scheibe.

Antipasti Verdura

gegrilltes Gemüse

Die italienische Vorspeise aus gebratenem und eingelegtem Gemüse wird traditionell als Auftakt eines mehrgängigen Menüs serviert. Der leichte Appetitanreger passt hervorragend zu frisch gebackenem Ciabatta. Am besten bereitest Du die Antipasti einen Tag vorher zu und lässt sie über Nacht im Kühlschrank durchziehen. So schmeckt das Gemüse noch aromatischer.

4 Portionen | 30 Minuten

2 Zwiebeln, rot
2 Knoblauchzehen
2 Paprika, rot
2 Zucchini
2 Auberginen
1 Bund Rosmarin
8 EL Olivenöl
4 EL Balsamicoessig, dunkel
Salz, Pfeffer
8 Pr. Just Spices Mediterraner Gemüse Allrounder

Die Zwiebeln schälen und achteln. Den Knoblauch schälen und halbieren. Das Gemüse waschen und trocken tupfen. Die Paprika halbieren, entkernen, mit einem Messer die weißen Fasern entfernen und in ca. 3 cm breite Scheiben schneiden. Beide Enden der Zucchini und der Aubergine abschneiden, die Zucchini längs vierteln, das Kerngehäuse schräg herausschneiden und in ca. 2 cm große Stücke schneiden. Die Aubergine ebenfalls in ca. 2 cm breite Scheiben schneiden. Die Auberginen mit 2 Prisen Salz in einer großen Schüssel vermischen und beiseitestellen. Den Rosmarin waschen und trocken tupfen.

In einer großen Pfanne 2 EL Olivenöl erhitzen, die Paprika bei starker Hitze 3 Minuten anbraten. Eine halbe Knoblauchzehe und einen Rosmarinzweig dazugeben und 2 Minuten mitbraten. Mit 2 Prisen Mediterranem Gemüse Allrounder, 1 Prise Salz und 1 Prise Pfeffer würzen. Mit 1 EL Balsamicoessig ablöschen und auf einem mit Backpapier ausgelegten Backblech abkühlen lassen.

Den Bratvorgang mit den Zucchini, mit den Zwiebeln und mit den Auberginen einzeln nach den gleichen Vorgaben wiederholen.

Das Gemüse im eigenen Sud abkühlen lassen und kalt servieren.

GRÜNER PESTO MIX
HOMEMADE BUT SUPER-QUICK! MIT DIESEM MIX IST SELBSTGEMACHTES PESTO RUCKZUCK AUFGEGABELT.
GRÜNER PESTO MIX

Gefüllte Blätterteig-Taschen

mit Tomate & Basilikum

Du bist noch auf der Suche nach einer Vorspeise, die einfach sein soll und jedem schmeckt? Dann sind diese knusprigen Appetizer genau richtig. Das buttrige Gebäck zergeht auf der Zunge, ist im Nu verputzt und macht definitiv Lust auf mehr.
Unser Tipp: Einfach mehr machen und die Reste für den Lunch to go am nächsten Tag einpacken.

8 Teigtaschen

15 Minuten Zubereitung | 25 Minuten Backen

2 Rollen Blätterteig, à 275 g
5 EL Olivenöl
3 TL Tomatenmark
1 EL Wasser
8 Kirschtomaten
2 Bund Basilikum
2 Eigelb
50 g Parmesan, gerieben
3 EL Just Spices Grüner Pesto Mix

Den Blätterteig auslegen und 16 Rechtecke à ca. 10 x 12 cm ausschneiden. Mit einem kleinen Glas oder einer Ausstechform (Ø ca. 5 cm) in der Mitte von 8 Rechtecken ein kleines Loch ausstechen und bis zur Verwendung kalt stellen.

Das Olivenöl mit dem Grünen Pesto Mix, Tomatenmark und 1 EL Wasser verrühren und 5 Minuten ziehen lassen.

Die Tomaten waschen, in ca. 0,5 cm breite Scheiben schneiden und beiseitestellen. Das Basilikum waschen, trocken tupfen und in feine Streifen schneiden.

Den Backofen auf 200 °C (Umluft) vorheizen.

Die 8 Rechtecke ohne Loch mit etwas Abstand auf ein mit Backpapier ausgelegtes Backblech legen und die Mitte der Rechtecke mit Pesto bestreichen. Das Basilikum über dem Pesto verteilen und die Tomaten darauflegen.

Die Eigelbe verquirlen und die Ränder der belegten Rechtecke damit einpinseln. Die ausgestochenen Rechtecke als Deckel auf die belegten Rechtecke legen und den Blätterteig am Rand leicht festdrücken. Die Oberfläche mit dem restlichen Eigelb einpinseln, den Parmesan darauf verteilen und die Blätterteigtaschen 25 Minuten im vorgeheizten Backofen backen.

Die Blätterteigtaschen auf Tellern verteilen und warm servieren.

Grissini

krosse Brotstangen

Grissini kennst Du bestimmt von Deinem Lieblingsitaliener. Die langen, krossen Gebäckstangen stehen oft auf den Tischen in Pizzerien, sie sollen den Appetit anregen oder schon den ersten Hunger stillen. Da greift man gerne zweimal zu – aber nicht zu viel naschen, es muss schließlich noch Platz für die Pizza bleiben!

4 Portionen

10 Minuten Zubereitung | 30 Minuten Teigruhe | 10 Minuten Backen

½ Würfel frische Hefe, à 42 g
70 ml Wasser
1 Pr. Zucker
250 g Mehl, Type 405
60 ml Olivenöl
Salz
5 Pr. Just Spices Bolognese Gewürz

Die Hefe in einer Schüssel in 70 ml lauwarmem Wasser auflösen, mit dem Zucker verrühren und 10 Minuten gehen lassen.

Das Mehl und das Olivenöl in eine große Schüssel geben und die aufgelöste Hefe dazugeben. Mit den Händen 5 Minuten zu einem geschmeidigen Teig kneten und mit 1 Prise Salz und dem Bolognese Gewürz würzen.

Den Teig auf eine bemehlte Arbeitsfläche geben, mit einem Nudelholz zu einem ca. 1 cm dünnen Rechteck ausrollen und in ca. 0,5 cm breite Streifen schneiden. Die Teigstreifen auf ein mit Backpapier ausgelegtes Backblech geben und abgedeckt 20 Minuten an einem warmen Ort gehen lassen.

Währenddessen den Backofen auf 200 °C (Umluft) vorheizen.

Die Grissini ca. 10 Minuten goldbraun backen. Herausnehmen, auf ein Gitter geben und 10 Minuten komplett auskühlen lassen.

Tipp: Für ein noch krosseres Ergebnis kannst Du die Grissini nach dem Backen ca. 6 Stunden an der Luft trocknen lassen.

BOLOGNESE GEWÜRZ
JUST SPICES

Salate

Insalata Caprese

Salat aus Tomate & Mozzarella

Hierzulande besser bekannt als typisches Mitbringsel zu einer Nachbarschaftsparty à la „Tomate-Mozzarella", ist der Insalata Caprese schon lange das heimliche Nationalgericht Italiens. Manchmal kann Glück so einfach sein.

4 Portionen | 10 Minuten

Für das Dressing:

1 TL Senf, mittelscharf
1 EL Balsamicoessig, dunkel
3 EL Olivenöl
1 Pr. Just Spices Balsamico Dressing Mix

30 g Pinienkerne
4 Fleischtomaten
2 Laib Mozzarella, à 125 g
1 Bund Basilikum
3 Pr. Just Spices Italian Stullen Spice

Für das Dressing Senf, Essig und Balsamico Dressing Mix verrühren. Das Olivenöl unter Rühren einlaufen lassen.

Die Pinienkerne in einer beschichteten Pfanne ohne Fett bei mittlerer Hitze goldgelb anrösten. Dabei gelegentlich umrühren, damit die Kerne nicht verbrennen. Anschließend herausnehmen und beiseitestellen.

Die Tomaten waschen, den Strunk entfernen und in ca. 0,5 cm breite Scheiben schneiden. Den Mozzarella ebenfalls in ca. 0,5 cm breite Scheiben schneiden. Das Basilikum waschen, trocken tupfen und in feine Streifen schneiden.

Auf einen Teller abwechselnd 1 Scheibe Tomate und 1 Scheibe Mozzarella legen. Mit dem Dressing beträufeln und mit dem Basilikum, den Pinienkernen und dem Italian Stullen Spice garnieren.

ITALIAN
STULLEN
SPICE
BALSAMICO
DRESSING
MIX

CARBONARA
GEWÜRZ
JUST
SPICES

Feldsalat

mit lauwarmen Nektarinen & Burrata

Wie schmeckt der Sommer? Fruchtig, saftig, aromatisch und leicht. So wie dieser knackige Feldsalat mit lauwarmen Nektarinen und zartem Burrata. Die italienische Frischkäsespezialität aus Apulien erinnert optisch an Mozzarella und ist das i-Tüpfelchen auf dieser Salatplatte.

4 Portionen

10 Minuten Zubereitung | 10 Minuten Backen

3 Nektarinen
2 Knoblauchzehen
1 EL Puderzucker
3 EL Olivenöl
6 Stängel Thymian
250 g Feldsalat
1 Bund Zitronenmelisse
1 Bund Schnittlauch
2 EL Balsamicoessig, hell
1 Laib Burrata, à 200 g
Salz, Pfeffer
4 Pr. Just Spices Carbonara Gewürz

Den Backofen auf 200 °C (Umluft) vorheizen.

Die Nektarinen waschen, halbieren, entkernen, jeweils in 4 Spalten schneiden und auf ein mit Backpapier ausgelegtes Backblech geben. Den Knoblauch schälen und in ca. 1 cm breite Scheiben schneiden. Den Knoblauch über den Nektarinen auf dem Backblech verteilen, mit dem Puderzucker bestäuben und mit 1 EL Olivenöl beträufeln. Den Thymian waschen, trocken tupfen und auf das Backblech geben. Die Nektarinen 10 Minuten im Backofen backen und herausnehmen.

Den Feldsalat waschen, von den Wurzeln befreien, trocken schleudern und in eine Schüssel geben. Die Zitronenmelisse und den Schnittlauch waschen, trocken tupfen, fein hacken und zum Feldsalat geben. Mit 2 EL Olivenöl, Balsamicoessig, 1 Prise Salz, 1 Prise Pfeffer und dem Carbonara Gewürz vermischen.

Die warmen Nektarinen unterheben, den Salat auf einer großen Platte anrichten und den Burrata in der Mitte des Salats platzieren.

Tipp: Nektarinen sind Saisonware und schmecken im Sommer süßer. Im Winter kannst Du nach Belieben eine Prise mehr Zucker dazugeben.

Italienischer Rohkostsalat

mit Grapefruit-Balsamico-Dressing

Mit diesem Salat startest Du nach dem Mittagstief wieder voll durch. Er ist lecker, erfrischend und blitzschnell zubereitet. Unser Tipp für bunte Gemüsekreationen: Mit einem Sparschäler lassen sich knackige Karotten & Co. in feine Streifen schälen und sind für Salate oder Pfannengerichte nicht nur eine schmackhafte Komponente, sondern auch ein optisches Highlight.

4 Portionen

25 Minuten Zubereitung | 5 Minuten Ziehzeit

1 Karotte

½ Fenchelknolle

1 Paprika, rot

1 Paprika, gelb

1 Rispentomate

3 Handvoll Rucola

50 g Haselnüsse, gehackt, geröstet

Für das Dressing:

1 Grapefruit

5 EL Olivenöl

2 EL Balsamicoessig, hell

Salz, Pfeffer

4 Pr. Just Spices Grüner Pesto Mix

Die Karotte schälen und mit einem Sparschäler dünne Streifen abziehen. Den Fenchel waschen, vierteln, den Strunk entfernen und in dünne Streifen schneiden. Die Paprika waschen, halbieren, entkernen, mit einem Messer die weißen Fasern entfernen und in feine Streifen schneiden. Die Tomate waschen, vierteln, das Fruchtfleisch entfernen und in Streifen schneiden. Karotte, Fenchel, Paprika und Tomate in eine große Schüssel geben. Den Rucola waschen und trocken schleudern.

Die Grapefruit heiß abwaschen, die Schale abreiben und zu dem geschnittenen Gemüse in die Schüssel geben. Die Grapefruit mit einem scharfen Messer filetieren, dazu die Schale in Streifen herunterschneiden und die weiße Haut vollständig vom Fruchtfleisch entfernen. Die einzelnen Grapefruitfilets mit einem Messer zwischen den Trennhäuten herausschneiden und zu dem Gemüse in die Schüssel geben. Die Grapefruit dabei über eine kleine Schüssel halten und den austretenden Saft auffangen.

Für das Dressing Olivenöl, Balsamicoessig, den aufgefangenen Grapefruitsaft, den Grünen Pesto Mix, 1 Prise Salz und 2 Prisen Pfeffer verrühren. Das Dressing zum Salat geben, verrühren und 5 Minuten ziehen lassen.

Den Rucola und die Haselnüsse unter den Salat mischen und servieren.

GRÜNER
PESTO
MIX
JUST SPICES

Italienischer Nudelsalat

mit Rucola & Pinienkernen

Da kommen Urlaubserinnerungen auf: Unsere Lieblingskombination aus Rucola, Pinienkernen, getrockneten Tomaten und Mozzarella vereint die Aromatik Italiens in einer Schüssel. Dieses Blitzrezept ist perfekt geeignet für die Grillparty, als Snack to go oder für ein Essen an einem warmen Sommerabend auf dem Balkon.

4 Portionen | 25 Minuten

300 g Penne Rigate
30 g Pinienkerne
250 g Kirschtomaten
50 g Rucola
50 g getrocknete Tomaten, in Öl
125 g Mozzarellakugeln
70 g Oliven

Für das Dressing:
2 EL Wasser
1 TL Senf, mittelscharf
2 EL Balsamicoessig, dunkel
4 EL Olivenöl
Salz, Pfeffer
5 TL Just Spices Roter Pesto Mix

In einem Topf reichlich Salzwasser zum Kochen bringen, die Penne nach Packungsanleitung al dente kochen, abgießen und kalt abschrecken.

Die Pinienkerne in einer beschichteten Pfanne ohne Fett bei mittlerer Hitze goldgelb anrösten. Dabei gelegentlich umrühren, damit die Kerne nicht verbrennen. Anschließend herausnehmen und beiseitestellen.

Die Kirschtomaten waschen und halbieren. Den Rucola waschen und trocken schleudern. Die getrockneten Tomaten abtropfen lassen und in feine Streifen schneiden. Die Mozzarellakugeln abtropfen lassen und halbieren.

Für das Dressing den Roten Pesto Mix mit dem Wasser verrühren und 5 Minuten quellen lassen. Senf, Balsamicoessig, Olivenöl, 2 Prisen Salz und 1 Prise Pfeffer einrühren.

Die Penne in einer großen Schüssel mit den vorbereiteten Zutaten, den Oliven und dem Dressing vermischen.

Tipp: Der Salat schmeckt noch besser, wenn er 1–2 Stunden durchziehen kann.

Spinatsalat

mit Walnüssen & Pecorinochips

Mit diesem Rezept zauberst Du einen herzhaften Salat, der nicht nur perfekt in die kalte Herbst- und Winterzeit passt, sondern auch mit einem Glas Rotwein zu einem gemütlichen Sommerabend auf dem Balkon. Der Geschmack von süßen Trauben und würzigem Pecorino lässt Dich von einem sonnigen Tag auf den Weinbergen in Chianti träumen. Als Alternative zu den Trauben kannst Du auch Birnenscheiben verwenden.

30

4 Portionen | 25 Minuten

Für das Dressing:

200 g Schmand
1 EL Honig
1 TL Senf, mittelscharf
2 TL Balsamicoessig, dunkel
6 Stängel Thymian
Salz
4 Pr. Just Spices Grüner Pesto Mix

150 g Pecorino, gerieben
3 EL Agavendicksaft
100 g Walnusskerne
150 g Trauben, rot
250 g junger Blattspinat

Für das Dressing Schmand, Honig, Senf und Balsamicoessig in einer Schüssel verrühren. Den Thymian waschen, trocken tupfen, die Blätter abzupfen und fein hacken. Zusammen mit dem Grünen Pesto Mix zum Dressing geben und mit 2 Prisen Salz würzen.

Für die Pecorinochips den geriebenen Pecorino gleichmäßig in einer beschichteten Pfanne verteilen. Bei mittlerer Hitze je 5 Minuten von jeder Seite backen, herausnehmen, auf einem Küchenpapier auskühlen lassen und in grobe Stücke teilen.

Den Agavendicksaft in derselben Pfanne erhitzen und bei mittlerer Hitze 5 Minuten einkochen lassen. Die Walnusskerne grob hacken, zum Agavendicksaft in die Pfanne geben und 2 Minuten karamellisieren, sodass eine feste Masse entsteht. Auf ein Backpapier geben, auskühlen lassen und in mundgerechte Stücke brechen.

Die Trauben waschen und halbieren. Den Spinat waschen, trocken schleudern und mit den Trauben in eine große Schüssel geben. Mit dem Dressing vermengen, auf Tellern anrichten, den Walnusskrokant und die Pecorinochips über dem Salat zerbröseln.

GRÜNER
PESTO
MIX
JUST SPICES

ITALIAN
STULLEN
SPICE

Tomatensalat

mit Balsamico-Dressing & Pinienkernen

Zu einem sommerlichen Grillabend oder als kleiner Snack für zwischendurch: Ein frischer Tomatensalat schmeckt einfach immer. Die fruchtigen, roten und knackigen Gemüselieblinge harmonisieren perfekt mit nussigen Pinienkernen, frischem Basilikum und würzigem Balsamico. Unser Geheimtipp: Wir geben ein bisschen Honig dazu, durch die Süße kann sich das Aroma perfekt entfalten.

4 Portionen | 20 Minuten

1 EL Pinienkerne

4 Rispentomaten

300 g Kirschtomaten

1 TL Senf, mittelscharf

1 EL Balsamicoessig, dunkel

1 TL Honig

2 EL Olivenöl

1 Zwiebel, rot

1 Bund Basilikum

Salz

3 Pr. Just Spices Balsamico Dressing Mix

2 Pr. Just Spices Italian Stullen Spice

Die Pinienkerne in einer beschichteten Pfanne ohne Fett bei mittlerer Hitze goldgelb anrösten. Dabei gelegentlich umrühren, damit die Kerne nicht verbrennen. Anschließend herausnehmen und beiseitestellen.

Die Rispen- und Kirschtomaten waschen und in Scheiben schneiden. Anschließend mit 2 Prisen Salz würzen, in einem Sieb abtropfen und 5 Minuten ziehen lassen. In der Zwischenzeit für das Dressing Senf, Balsamicoessig und Honig mit dem Balsamico Dressing Mix vermengen und das Olivenöl unter Rühren einlaufen lassen.

Die Zwiebel schälen, halbieren und in dünne Streifen schneiden. Das Basilikum waschen, trocken tupfen und ebenfalls in feine Streifen schneiden. Die Zwiebelstreifen und das Basilikum in eine Schüssel geben. Die abgetropften Tomaten und das angerührte Dressing dazugeben und 5 Minuten ziehen lassen.

Den Salat mit den gerösteten Pinienkernen und dem Italian Stullen Spice garnieren.

Panzanella

italienischer Brotsalat mit frischem Basilikum

Basilikum, Knoblauch, frisches Olivenöl und Zwiebeln in Verbindung mit reifen Tomaten und Ciabatta zaubern diesen einfachen, aber äußerst leckeren Brotsalat. Für das Rezept kannst Du auch perfekt trockenes Brot verwerten, da es die fruchtigen Aromen der Tomaten aufsaugt und dadurch wieder weich wird. Je nach Region werden in Italien von Ciabatta, Weißbrot bis hin zu Sauerteigbrot alle möglichen Brotsorten verwendet.

4 Portionen

25 Minuten Zubereitung | 15 Minuten Ziehzeit

250 g Ciabatta
50 ml Olivenöl
500 g Kirschtomaten
1 Zwiebel, rot
1 Bund Basilikum
Salz
2 Pr. Just Spices Pasta Allrounder

Für das Dressing:

2 Knoblauchzehen, klein
1 TL Senf, mittelscharf
2 EL Balsamicoessig, hell
100 ml Olivenöl
Pfeffer
2 Pr. Just Spices Pasta Allrounder

Den Backofen auf 170 °C (Umluft) vorheizen.

Das Ciabatta waagerecht halbieren und in ca. 2 x 2 cm große Würfel schneiden. Mit 50 ml Olivenöl und 2 Prisen Pasta Allrounder vermischen, auf ein mit Backpapier ausgelegtes Backblech geben und 15 Minuten im vorgeheizten Ofen backen.

Währenddessen die Tomaten waschen, halbieren und in ein Sieb geben. Die Tomatenhälften mit 2 Prisen Salz mischen, 15 Minuten ziehen lassen und dabei die Flüssigkeit der Tomaten auffangen. Die Zwiebel schälen, halbieren und in feine Streifen schneiden.

Für das Dressing die Knoblauchzehen schälen und fein hacken. Zusammen mit Senf, Balsamicoessig, 1 Prise Pfeffer und dem Pasta Allrounder in eine Schüssel geben. Unter Rühren das Olivenöl einlaufen lassen und die abgetropfte Flüssigkeit der Tomaten dazugeben.

Die Tomaten, die gerösteten Ciabattawürfel und die Zwiebelstreifen in eine Schüssel geben, mit dem Dressing marinieren und 15 Minuten ziehen lassen. Das Basilikum waschen, trocken tupfen, in feine Streifen schneiden und kurz vor dem Servieren unter den Salat heben.

Pasta

Tagliatelle

[taʎ:a'tɛl:e]

Bedeutung: Bandnudeln (von tagliare = schneiden)

Was wäre unser kulinarisches Leben bloß ohne Pasta? Das können wir uns ehrlich gesagt gar nicht vorstellen. Wollen wir auch nicht! Wir bei Just Spices lieben Pasta jeglicher Art – fast könnte man meinen, wir alle hätten italienische Wurzeln.

Denn keine Küche dieser Welt lebt das nudelige Glück so wie die der Italiener. Für sie gehört Pasta zum guten Ton, ist Bestandteil des gesellschaftlichen Zusammenlebens wie ein „Ciao" oder ein „Arrivederci".

Fun Fact: Die Italiener sind übrigens noch deutlich pastahungriger als wir in Deutschland. Auf etwa 8 kg pro Jahr kommt der Deutsche im Schnitt, bei den Italienern werden pro Kopf über 20 kg Nudeln im Jahr verspeist.

Die große Liebe der Italiener zu ihrer Pasta war für uns auch auf unserer Reise deutlich spürbar. Mit Mamma Lucia haben wir in der kleinen Dorfküche gemeinsam Tagliatelle zubereitet – unter genauer Beobachtung der Mamma. Sie hat uns gezeigt: Tagliatelle selbst zu machen, ist wirklich viel einfacher, als man denkt. Hält man die Arbeitsfläche und den Teig selbst schön mehlig, ist die Arbeit superschnell gemacht. Dafür braucht man nicht einmal eine Nudelmaschine, weil man den Teig ganz easy ausrollen und in feine Streifen schneiden kann.

Um die Konsistenz der Soße perfekt zu machen, nutzte Lucia im Übrigen nicht etwa Soßenbinder oder eine Mehlschwitze – sie ließ uns einfach eine Kelle des heißen Nudelwassers abschöpfen und in die Soße mischen. Die im Nudelwasser enthaltene Stärke war der Schlüssel zum perfekten Tagliatelle-Genuss. Übrigens: Der Pastateig hier in unserem Kochbuch ist wirklich supereasy nachzumachen und lässt sich sogar perfekt einfrieren!
Das heißt: Bereite ruhig etwas mehr Teig vor, lagere ihn in Deinem Tiefkühlfach und sei allzeit bereit für eine italienische Kochsession der Extraklasse.

Solltest Du einmal besonders spontan pastahungrigen Besuch bekommen, kannst Du natürlich auch mal fertige Tagliatelle kaufen. Da solltest Du am besten die frische Variante aus der Kühlung wählen. Die kommen der selbst gemachten Variante etwas näher, aber ganz frisch sind Tagliatelle einfach am besten. Ehrenwort.

Grundrezept: Tagliatelle

Für ein ganz besonderes Kocherlebnis und authentisch italienischen Genuss kannst Du Deine Nudeln ohne großen Aufwand selbst machen. Die breiten Tagliatelle eignen sich hervorragend für Fleischgerichte oder stückige Soßenkreationen. Die klassische Bolognese wird in Italien zum Beispiel nicht mit Spaghetti, sondern als Tagliatelle al Ragù serviert.

4 Portionen
15 Minuten Zubereitung | 30 Minuten Teigruhe

250 g Mehl, Type 00
150 g Hartweizengrieß
3 Eier
1 Eigelb
Salz

Das Mehl, den Grieß, die Eier, das Eigelb sowie 1 Prise Salz in einer Schüssel vermengen. Auf einer bemehlten Arbeitsfläche 5 Minuten mit den Händen zu einem glänzenden Teig kneten, bis er nicht mehr klebt. In Frischhaltefolie einwickeln und 30 Minuten bei Zimmertemperatur ruhen lassen.

Jeweils ein Drittel des Teigs auf eine bemehlte Arbeitsfläche geben und zu einem ca. 0,2 cm dünnen Rechteck ausrollen. Dabei reichlich Mehl benutzen, um die fertigen Tagliatelle leicht von der bemehlten Arbeitsfläche lösen zu können. Mit einem Messer ca. 25 cm lange und ca. 0,6 cm breite Tagliatelle schneiden und diese auf ein bemehltes Blech geben. Mit einem Tuch abdecken, bis der komplette Teig verarbeitet wurde.

In einem Topf reichlich Salzwasser zum Kochen bringen, die Tagliatelle für ca. 3 Minuten al dente kochen und abgießen.

Tipp: Um beim nächsten Kochabend Zeit zu sparen, kannst Du den Nudelteig auch ein paar Tage vorher vorbereiten und einfrieren. Lust auf andere Nudelkreationen? Für schmale Linguine schneidest Du den Teig einfach in ca 0,2 cm statt 0,6 cm breite Nudeln.

Tagliatelle ai Funghi

mit Pilzen & Thymian

Würzig und cremig zugleich: Thymian ist ein kräftiges mediterranes Kraut, das sehr gut mit den Aromen von Pilzen harmoniert. Vereint in einer leckeren Tagliatelle-Pfanne ist dieses delikate Gericht eine hervorragende vegetarische Alternative für Fleischfans, die es gern herzhaft mögen.

4 Portionen | 25 Minuten

(+ Grundrezept S. 64)

1 Grundrezept Tagliatelle von S. 64
oder 400 g gekaufte Tagliatelle

500 g Champignons
250 g Austernpilze
1 Zwiebel, rot
6 Stängel Thymian
3 EL Olivenöl
100 ml Weißwein
450 ml Nudelwasser
3 Stangen Frühlingslauch
Salz, Pfeffer
5 Pr. Just Spices Spinat Gewürz

Die selbst gemachten Tagliatelle wie auf Seite 64 beschrieben zubereiten. Alternativ die gekauften Tagliatelle nach Packungsanleitung al dente kochen. In beiden Fällen beim Abgießen 450 ml Nudelwasser auffangen.

Die Champignons putzen und in ca. 1 cm breite Streifen schneiden. Die Austernpilze ebenfalls putzen und vierteln. Die Zwiebel schälen, halbieren und fein würfeln. Den Thymian waschen, trocken tupfen, die Blätter abzupfen und fein hacken.

In einer großen Pfanne 2 EL Olivenöl erhitzen und die Pilze 5 Minuten bei starker Hitze braten. Die Zwiebelwürfel und den Thymian hinzufügen und 2 Minuten mitbraten. Mit dem Spinat Gewürz würzen und mit dem Weißwein ablöschen. Das Nudelwasser und 1 EL Olivenöl hinzufügen und 5 Minuten bei mittlerer Hitze köcheln lassen.

Den Frühlingslauch waschen und in feine Ringe schneiden. Die gekochten Tagliatelle und den Frühlingslauch zur Soße geben, gründlich durchschwenken und mit 2 Prisen Salz und 1 Prise Pfeffer würzen.

Tagliatelle con Rucola

mit aromatischen Dörrtomaten

Diese sommerliche Nudelpfanne ist ein wahres Gedicht, nicht zuletzt wegen des nussigen, frischen Rucolas. Durch seine leicht scharfe Note ist er ein fester Bestandteil der mediterranen Küche geworden und harmoniert in diesem Gericht hervorragend mit den gerösteten Pinienkernen und den getrockneten Tomaten.

4 Portionen | 20 Minuten
(+ Grundrezept S. 64)

1 Grundrezept Tagliatelle von S. 64
oder 400 g gekaufte Tagliatelle

60 g Pinienkerne
2 Handvoll Rucola
200 g getrocknete Tomaten, in Öl
1 Knoblauchzehe
1 EL Olivenöl
1 EL Kapern
100 ml Nudelwasser
Salz
4 Pr. Just Spices Grüner Pesto Mix

Die selbst gemachten Tagliatelle wie auf Seite 64 beschrieben zubereiten. Alternativ die gekauften Tagliatelle nach Packungsanleitung al dente kochen. In beiden Fällen beim Abgießen 100 ml Nudelwasser auffangen.

Die Pinienkerne in einer beschichteten Pfanne ohne Fett bei mittlerer Hitze goldgelb anrösten. Dabei gelegentlich umrühren, damit die Kerne nicht verbrennen. Anschließend herausnehmen und beiseitestellen.

Den Rucola waschen und trocken schleudern. Die getrockneten Tomaten aus dem Öl nehmen und in feine Streifen schneiden. Den Knoblauch schälen und fein hacken. Das Olivenöl in einer Pfanne erhitzen und den Knoblauch und die Tomaten 3 Minuten bei mittlerer Hitze anbraten.

Die Kapern hinzufügen und mit dem Grünen Pesto Mix und 1 Prise Salz würzen. Die gekochten Tagliatelle und das Nudelwasser hinzufügen und 1 Minute köcheln lassen. Rucola und Pinienkerne unterheben und sofort servieren.

Tipp: Eine Portion zu viel gekocht? Dann füge noch 1 EL Olivenöl und 1 EL Balsamicoessig hinzu und lass es Dir am nächsten Tag als kalten Nudelsalat schmecken.

GRÜNER
PESTO
MIX
JUST
SPICES

Tagliatelle mit Rinderfiletspitzen

in pikanter Pfefferrahmsoße

Geballte Geschmackspower auf einer Gabel: zartes Rinderfilet in raffinierter Sahnesoße und bissfester Tagliatelle. Der Grüne Pesto Mix und die eingelegten Pfefferkörner verleihen der hellen Soße einen tollen Geschmack. So wird im Löffelumdrehen aus klassischer Hausmannskost ein italienisches Feinschmeckergericht.

G

4 Portionen | 30 Minuten

(+ Grundrezept S. 64)

½ Grundrezept Tagliatelle von S. 64
oder 200 g gekaufte Tagliatelle

500 g Rinderfilet
1 Zwiebel
1 Knoblauchzehe
1 EL Grüner Pfeffer, in Salzlake
2 EL Olivenöl
1 EL Sojasoße
1 EL Balsamicoessig, dunkel
250 ml Sahne
½ Bund Petersilie, glatt
250 ml Nudelwasser
Salz
5 Pr. Just Spices Grüner Pesto Mix

Die selbst gemachten Tagliatelle wie auf Seite 64 beschrieben zubereiten. Alternativ die gekauften Tagliatelle nach Packungsanleitung al dente kochen und abgießen. In beiden Fällen beim Abgießen 250 ml Nudelwasser auffangen.

Das Rinderfilet in ca. 2 cm dicke Streifen schneiden. Die Zwiebel schälen, halbieren und in feine Würfel schneiden. Den Knoblauch schälen und fein hacken. Den grünen Pfeffer in einem Sieb abtropfen lassen

In einer großen Pfanne 1 EL Olivenöl erhitzen. Das Fleisch in 2 Etappen bei starker Hitze von jeder Seite 30 Sekunden anbraten, dabei mit jeweils 1 Prise Salz würzen, herausnehmen und beiseitestellen.

Zwiebeln, Knoblauch und grünen Pfeffer in die gleiche Pfanne geben und 2 Minuten bei mittlerer Hitze braun rösten. Mit der Sojasoße und dem Balsamicoessig ablöschen. Die Sahne dazugeben, mit dem Grünen Pesto Mix würzen und bei leichter Hitze 10 Minuten köcheln lassen.

Die Petersilie waschen, trocken tupfen, abzupfen und in feine Streifen schneiden. Das Nudelwasser und die gekochten Tagliatelle zu der Soße geben und 3 Minuten köcheln lassen. Das Fleisch dazugeben, die Petersilie untermischen und sofort servieren.

Salsa di Pomodoro

[[salsa di pomoˈdɔːro]]

Bedeutung: Tomatensoße

Was haben Spaghetti Napoli, Pizza und Rigatoni gemeinsam? Sie alle sind von einer recht unscheinbaren Komponente absolut abhängig: von der perfekt würzigen, fruchtig-frischen und maximal vollmundigen Tomatensoße!

Und keine Küche der Welt steckt mehr Liebe und Mühe in die Kreation der „Salsa di Pomodoro“ als die der Italiener. Das haben wir auch bei unserer Reise festgestellt, als Mamma Lucia uns in diese Kunst eingeweiht hat, die uns – zugegebenermaßen – etwas überrascht hat.

Denn: Ihr Rezept war wirklich easy. Wir haben uns auf unzählige Schritte und noch mehr Zutaten eingestellt. Doch wir waren überrascht: Alles, was wir in der Schüssel für das Kochen der Soße sehen konnten, waren 5 Zutaten. Als wir Lucia gefragt haben, ob das schon alles ist, wurde sie ganz emotional und hat uns mit Händen und Füßen wild gestikulierend erklärt, dass bei Tomatensoße – wie so oft in der italienischen Küche – weniger mehr ist. Dass sich ausgewählte, frische Zutaten in ihrer Einfachheit zu einem ganz unglaublichen Geschmack verbinden können.

Was wir definitiv gelernt haben: Für eine hoch aromatische Tomatensoße braucht es keinen Schnickschnack. Es reichen eine Handvoll Zutaten, etwas Zeit und vor allem eines: die richtigen Gewürze!

Damit bei allen tomatigen Soßen zumindest die Würze stimmt, haben wir unser Tomatensoße Gewürz herausgebracht. Das hat viele kleine und große Würzbuddies erfreut und wir haben wirklich ziemlich viele Bilder von Kindern mit dem typischen, mit Tomatensoße verschmierten Mund auf Instagram & Co. gesehen. Das sind im Übrigen genau die Momente, für die wir brennen. Momente, in denen wir nicht nur einem Würzbuddy zu einem superleckeren Gericht verhelfen konnten, sondern auch zu wertvollen Erinnerungen, die für immer bleiben.

Jetzt gehen wir noch einen Schritt weiter und möchten Dir das von Mamma Lucia höchstpersönlich kreierte und von uns absolut gefeierte Tomatensoße-Rezept überbringen. Natürlich kannst Du Deine Soße nach Belieben verfeinern, musst Du aber nicht. Sie schmeckt auch so schon unglaublich gut. Versprochen!

Grundrezept: Tomatensoße

Lediglich 5 Zutaten benötigst Du für diese hoch aromatische Tomatensoße. Die Zubereitung ist wirklich einfach bei sehr geringem Aufwand. Das lange Einkochen ist das Geheimnis, damit sich die Aromen verbinden und ein intensiver Geschmack entsteht. Die Tomatensoße dient als Grundlage für viele verschiedene Pastagerichte und kann ganz leicht weiterentwickelt werden.

4 Portionen | 50 Minuten

1 Zwiebel, rot
1 EL Olivenöl
2 Dosen geschälte Tomaten, à 400 g
1 Pr. Zucker
Salz
5 Pr. Just Spices Tomatensoße Gewürz

Die Zwiebel schälen und halbieren. In einem Topf das Olivenöl erhitzen und die halbierte Zwiebel 2 Minuten bei mittlerer Hitze anbraten. Die geschälten Tomaten hinzugeben und mit dem Tomatensoße Gewürz, Zucker und 2 Prisen Salz würzen. Die Soße 45 Minuten bei leichter Hitze köcheln lassen.

Die Tomatensoße durch ein feines Sieb passieren und nach Wunsch weiterverwenden.

Tipp: Die leckere Tomatensoße kannst Du sehr gut einkochen und in Deinem Vorratsschrank lagern. Dafür füllst Du die fertig gekochte Soße direkt in heiß ausgespülte Einmachgläser um und verschließt sie mit einem Gummiring und den Einmachklammern. Dann stellst Du die Gläser 60 Minuten bei 100 °C (Umluft) in den Ofen und lässt sie danach 2 Stunden auf Zimmertemperatur abkühlen. Bei kühler und trockener Lagerung hält sich die Tomatensoße so bis zu 6 Monate.

Pasta e Ceci

Penne mit Kichererbsen

Kichererbsen sind nicht nur eine beliebte Zutat orientalischer Gerichte, sondern finden auch in der italienischen Küche häufig Verwendung. Herrlich aromatisch vereinen sich die hellen Erbsen mit der fruchtigen Tomatensoße. Fein püriert verleihen die Kichererbsen dem veganen Gericht eine ganz besondere Cremigkeit.

4 Portionen | 25 Minuten

(+ Grundrezept S. 74)

1 Grundrezept Tomatensoße von S. 74

350 g Penne

1 Dose Kichererbsen, à 400 g

100 ml Nudelwasser

Salz

5 Pr. Just Spices Mediterraner Gemüse Allrounder

Die selbst gemachte Tomatensoße wie auf Seite 74 beschrieben zubereiten.

In einem großen Topf reichlich Salzwasser zum Kochen bringen, die Penne nach Packungsanleitung al dente kochen, abgießen und dabei 100 ml Nudelwasser auffangen.

Die Kichererbsen durch ein Sieb abgießen, dabei den Saft auffangen. Die Hälfte der Kichererbsen zusammen mit dem aufgefangenen Saft zur Tomatensoße geben und mit einem Pürierstab fein mixen. Die Soße in eine große Pfanne geben, die restlichen Kichererbsen hinzufügen und bei mittlerer Hitze zum Kochen bringen. Mit dem Mediterranen Gemüse Allrounder und 2 Prisen Salz würzen.

Die Penne und das aufgefangene Nudelwasser hinzufügen und bei mittlerer Hitze 3 Minuten köcheln lassen.

Die Pasta auf Tellern verteilen und heiß servieren.

Bucatini all'Amatriciana

Spaghetti mit Speck, Tomate & Pecorino

Bucatini sind röhrenförmige Nudeln aus Hartweizenmehl, die mit ca. 3 mm Durchmesser und 30 cm Länge etwas dünner und deutlich länger als Maccaroni sind. Dieses Gericht sollen einst Schäfer aus Amatrice von ihren Wanderschaften mitgebracht haben. Alles, was im Rucksack an Zutaten zu finden war, wurde zusammen gekocht. Entstanden ist daraus der Klassiker mit Speck, Zwiebeln, Pecorino und Tomatensoße.

4 Portionen | 25 Minuten

(+ Grundrezept S. 74)

1 Grundrezept Tomatensoße von S. 74

300 g Bucatini
100 ml Nudelwasser
200 g Speck
1 EL Olivenöl
1 Zwiebel, rot
1 Chili, klein
100 g Pecorino, gerieben
Salz
2 Pr. Just Spices Scharfes Pizza Gewürz

Die selbst gemachte Tomatensoße wie auf Seite 74 beschrieben zubereiten.

In einem Topf reichlich Salzwasser zum Kochen bringen, die Bucatini nach Packungsanleitung al dente kochen, abgießen und dabei 100 ml Nudelwasser auffangen.

Währenddessen den Speck in ca. 1 x 1 cm große Würfel schneiden. Das Olivenöl in einer großen Pfanne erhitzen und die Speckwürfel 5 Minuten bei mittlerer Hitze braten.

Die Zwiebel schälen, halbieren und in feine Würfel schneiden. Die Chili waschen, halbieren, entkernen und in feine Streifen schneiden. Beides zum Speck in die Pfanne geben, 2 Minuten mitbraten, die Tomatensoße hinzugeben und aufkochen lassen. Mit dem Scharfen Pizza Gewürz und 2 Prisen Salz abschmecken. Bei mittlerer Hitze 5 Minuten köcheln lassen.

Die Nudeln und das aufgefangene Nudelwasser hinzufügen, gründlich durchschwenken und 1 Minute bei leichter Hitze köcheln lassen.

Die Nudeln auf Tellern verteilen und mit dem Pecorino servieren.

Tipp: Solltest Du keine Bucatini finden, kannst Du auch auf dicke Spaghetti, die sogenannten Spaghettoni, zurückgreifen.

HARFES
PIZZA
GEWÜRZ
JUST SPICES

Cannelloni Spinaci

gefüllte Nudeln mit Spinat & Ricotta

Cannelloni sind große, dicke Röhrennudeln, die Du nach Lust und Laune füllen kannst. In Italien sind sie ein echter Klassiker al Forno – also aus dem Ofen. Ähnlich wie bei vielen anderen Pastagerichten gibt es je nach Region unterschiedliche Cannelloni-Rezepte. Unsere Nudeln werden mit einer leckeren Spinat-Ricotta-Füllung, einer würzigen Tomatensoße und zartem Mozzarella im Ofen goldbraun gebacken – è buono.

4 Portionen

30 Minuten Zubereitung | 30 Minuten Backen

(+ Grundrezept S. 74)

½ Grundrezept Tomatensoße von S. 74

Für die Béchamelsoße:

40 g Butter

20 g Mehl

300 ml Vollmilch

Salz, Pfeffer

500 g junger Blattspinat

300 g Ricotta

50 g Parmesan, gerieben

1 Ei

12 Cannelloni

1 Laib Mozzarella, à 125 g

Salz

6 Pr. Just Spices Spinat Gewürz

Die selbst gemachte Tomatensoße wie auf Seite 74 beschrieben zubereiten.

Für die Béchamelsoße die Butter in einem Topf bei leichter Hitze schmelzen lassen. Das Mehl einrühren und 1 Minute in der Butter anschwitzen. Die Milch dazugeben und unter kräftigem Rühren langsam zum Kochen bringen. Bei leichter Hitze 5 Minuten köcheln lassen, mit 1 Prise Salz und 1 Prise Pfeffer würzen und beiseitestellen.

Den Spinat waschen, trocken schleudern und in eine Pfanne geben. Bei leichter Hitze abgedeckt 5 Minuten weich garen.

Den gegarten Spinat in ein Sieb geben, kalt abschrecken und die Flüssigkeit mit den Händen ausdrücken. Den Spinat grob hacken und in eine Schüssel geben. Ricotta, Parmesan und das Ei dazugeben und mit einem Schneebesen gründlich verrühren. Mit dem Spinat Gewürz und 1 Prise Salz würzen und in einen Gefrierbeutel füllen. Den Gefrierbeutel oben verschließen und mit einer Schere eine der beiden unteren Ecken abschneiden.

Den Backofen auf 185 °C (Umluft) vorheizen.

Die Tomatensoße in eine Auflaufform geben. Die Cannelloni aufrecht auf einen Teller stellen und die Spinat-Ricotta-Masse mit dem Gefrierbeutel in die Cannelloni füllen. Die gefüllten Cannelloni in die Tomatensoße legen und mit der Béchamelsoße bedecken. Den Mozzarella klein zupfen und über den Cannelloni verteilen. Den Auflauf 30 Minuten goldbraun im Ofen backen. Die fertigen Cannelloni aus dem Ofen holen, 5 Minuten abkühlen lassen und servieren.

Spaghetti Napoli

fruchtige Tomatenpasta mit Parmesan

Zugegeben, einfacher kann ein Pastagericht fast nicht sein: al dente gekochte Spaghetti mit einer aromatischen Tomatensoße und würzigem Parmesan. E Basta! Besonders schnell geht dieses Essen, wenn Du unsere Tomatensoße von Seite 74 schon vorgekocht hast und nur noch aus dem Vorratsschrank holen musst.

4 Portionen | 15 Minuten

(+ Grundrezept S. 74)

1 Grundrezept Tomatensoße von S. 74

400 g Spaghetti
150 ml Nudelwasser
50 g Parmesan, gerieben
Salz
2 Pr. Just Spices Pasta Allrounder

Die selbst gemachte Tomatensoße wie auf Seite 74 beschrieben zubereiten.

Die Tomatensoße in eine große Pfanne geben, aufkochen lassen und mit dem Pasta Allrounder und 1 Prise Salz würzen.

In einem Topf reichlich Salzwasser zum Kochen bringen, die Spaghetti nach Packungsanleitung al dente kochen, abgießen und dabei 150 ml Nudelwasser auffangen.

Die Spaghetti und das aufgefangene Nudelwasser zu der Tomatensoße geben und einmal durchschwenken.

Die Nudeln mit dem Parmesan auf Tellern anrichten.

Tipp: Du willst das Gericht vegan genießen? Die Pasta schmeckt auch superlecker ohne Parmesan.

Penne all'Arrabiata

feurige Pasta mit Chili

Der Klassiker der italienischen Küche ist bekannt für seine leichte Schärfe und den Geschmack fruchtiger Tomaten. Unser Scharfes Pizza Gewürz verleiht der Tomatensoße eine angenehme Würze. Wenn Du zu den Menschen gehörst, für die es gar nicht scharf genug sein kann, einfach nach Belieben noch Chilipulver hinzufügen. Aber Achtung: Zwischendurch abschmecken nicht vergessen!

4 Portionen | 25 Minuten
(+ Grundrezept S. 74)

1 Grundrezept Tomatensoße von S. 74

400 g Penne
2 Rispentomaten
1 Zwiebel, rot
1 EL Olivenöl
Salz
4 Pr. Just Spices Scharfes Pizza Gewürz

Die selbst gemachte Tomatensoße wie auf Seite 74 beschrieben zubereiten.

In einem Topf reichlich Salzwasser zum Kochen bringen und die Penne nach Packungsanleitung al dente kochen und abgießen.

Währenddessen die Tomaten waschen und grob würfeln. Die Zwiebel schälen, halbieren und fein würfeln.

Das Olivenöl in einer großen Pfanne erhitzen und die Zwiebel bei leichter Hitze 3 Minuten braten. Die Tomaten und das Scharfe Pizza Gewürz hinzufügen und 2 Minuten mitbraten.

Die Tomatensoße dazugeben, aufkochen lassen, die Penne hinzufügen und gut durchschwenken. 1 Minute mitköcheln lassen und mit 2 Prisen Salz würzen.

Linguine con Spinaci

Pasta mit cremiger Spinatsoße

Eine schnelle Pastapfanne am Abend? Nichts leichter als das. Einfach Linguine mit frischem Spinat, Knoblauch und Sahne durchschwenken und schon ist das Feierabendessen angerichtet! Dazu passt wunderbar ein italienischer Weißwein und frisches Ciabatta.

4 Portionen | 20 Minuten

400 g Linguine
2 Zwiebeln
6 Knoblauchzehen
300 g junger Blattspinat
50 g Kürbiskerne
1 EL Olivenöl
2 EL Balsamicoessig, hell
250 g Sahne
300 ml Nudelwasser
Salz, Pfeffer
6 Pr. Just Spices Spinat Gewürz

In einem Topf reichlich Wasser ohne Salz zum Kochen bringen, die Linguine nach Packungsanleitung al dente kochen, abgießen und dabei 300 ml Nudelwasser auffangen

Die Zwiebeln schälen, halbieren und fein würfeln. Den Knoblauch schälen und fein hacken. Den Spinat waschen und trocken schleudern.

Die Kürbiskerne in einer beschichteten Pfanne ohne Fett bei mittlerer Hitze anrösten. Dabei gelegentlich umrühren, damit die Kerne nicht verbrennen. Anschließend herausnehmen, beiseitestellen und grob hacken.

Das Olivenöl in einer großen Pfanne erhitzen, die Zwiebeln und den Knoblauch 5 Minuten bei mittlerer Hitze anbraten und mit dem Balsamicoessig ablöschen. Die Sahne und das Nudelwasser hinzufügen und 5 Minuten bei starker Hitze köcheln lassen. Den Spinat und die Linguine dazugeben und 3 Minuten mitköcheln lassen. Mit dem Spinat Gewürz, 2 Prisen Salz und 2 Prisen Pfeffer würzen.

Die Linguine auf Tellern verteilen und heiß servieren.

Tipp: Wenn Du Lust hast, kannst Du den Pastateig von Seite 64 auch als Linguine verarbeiten. Dazu bereitest Du die Pasta wie beschrieben zu und schneidest sie einfach in ca. 0,2 cm schmale Streifen.

SPINAT
GEWÜRZ

Orecchiette Parma

Pasta mit Erbsen, Parmaschinken & Parmesan

Darf's mal eine ausgefallene Pastasorte sein? Orecchiette – übersetzt Öhrchen – sind runde, schalenförmige Nudeln aus Apulien. Früher wurden sie noch traditionell einzeln von Hand gefertigt und erhielten ihre Form durch den Daumen, der sie auf dem Nudelbrett in Form gebracht hat.

4 Portionen | 25 Minuten

250 g Erbsen, tiefgekühlt
150 g Parmaschinken, in Scheiben
1 Zwiebel, rot
2 Knoblauchzehen
300 g Orecchiette
3 EL Olivenöl
350 ml Nudelwasser
100 g Parmesan, gerieben
Salz, Pfeffer
4 Pr. Just Spices Spinat Gewürz

Den Backofen auf 160 °C (Ober-/Unterhitze) vorheizen.

Die Erbsen aus der Kühltruhe nehmen und in einer Schüssel bis zur weiteren Verwendung beiseitestellen. 100 g Parmaschinken auf ein mit Backpapier ausgelegtes Backblech ausbreiten, mit einem weiteren Backpapier abdecken, 15 Minuten im Ofen knusprig backen, herausnehmen und auskühlen lassen.

Währenddessen den restlichen Parmaschinken in feine Würfel schneiden. Die Zwiebel und den Knoblauch schälen und fein würfeln.

In einem Topf reichlich Salzwasser zum Kochen bringen, die Orecchiette nach Packungsanleitung al dente kochen, abgießen und dabei 350 ml Nudelwasser auffangen.

Das Olivenöl in einer Pfanne erhitzen, Zwiebel, Knoblauch und Schinkenwürfel in die Pfanne geben und 5 Minuten bei mittlerer Hitze anbraten. Die Erbsen dazugeben und 2 Minuten mitbraten. Die Nudeln und das Nudelwasser hinzufügen, mit dem Spinat Gewürz, 1 Prise Salz und 2 Prisen Pfeffer würzen und 2 Minuten mitköcheln lassen. Die Hälfte des Parmesans dazugeben und einrühren.

Die Orecchiette auf Tellern verteilen, den restlichen Parmesan darüberstreuen und mit den gerösteten Schinkenchips servieren.

Spaghetti Aglio e Olio

Pasta mit Knoblauch & Olivenöl

Aglio e Olio – das bedeutet im Italienischen nichts anderes als Knoblauch und Öl. Ein schlichtes Meisterwerk der italienischen Küche, gerade wenn der Blick in den Kühlschrank nicht viel hergibt. Verfeinert mit unserem Aglio e Olio Gewürz lässt sich mit nur ein paar Zutaten ein Abendessen zaubern, das es ganz schön in sich hat. Piccante!

4 Portionen | 20 Minuten

500 g Spaghetti
6 Knoblauchzehen
2 Peperoni, rot
1 Bund Schnittlauch
200 ml Olivenöl
200 ml Weißwein, trocken
8 Pr. Just Spices Aglio e Olio Gewürz

In einem Topf reichlich Salzwasser zum Kochen bringen, die Spaghetti nach Packungsanleitung al dente kochen und abgießen.

Währenddessen den Knoblauch schälen und möglichst fein würfeln. Die Peperoni waschen, längs halbieren, entkernen und in feine Streifen schneiden. Den Schnittlauch waschen, trocken tupfen und in feine Röllchen schneiden.

Das Olivenöl in einer großen Pfanne erhitzen und den Knoblauch darin bei mittlerer Hitze goldbraun rösten. Die Peperoni und das Aglio e Olio Gewürz hinzufügen und 1 Minute mitrösten. Mit Weißwein ablöschen und einmal aufkochen lassen.

Die Spaghetti tropfnass dazugeben und 1 Minute im Öl schwenken. Den Schnittlauch unterheben und direkt servieren.

Tipp: Für eine besondere Umami-Würze den Knoblauch-Peperoni-Mix zusätzlich noch mit 4 EL Sojasoße ablöschen.

One Pot Rigatoni

mit Brokkoli, Sahne & Knoblauch

Nie wieder Abwaschen nach dem Kochen! Das wäre doch mal was. Okay, ganz so einfach ist es nicht, aber immerhin wird bei der One Pot Pasta nur noch ein Topf beim Kochen verwendet. One Pot – ein Topf. Wie es der Name schon verrät, wirft man einfach alle Zutaten in einen Topf und rührt fleißig um. Der Vorteil? Beim Kochen müssen nicht mehr drei Töpfe überwacht werden und die Nudeln werden noch aromatischer!

4 Portionen | 25 Minuten

2 Zwiebeln
6 Knoblauchzehen
1 Brokkoli
1 EL Olivenöl
2 EL Balsamicoessig, hell
400 ml Vollmilch
250 ml Sahne
300 ml Wasser
300 g Rigatoni
Salz
5 Pr. Just Spices Bolognese Gewürz

Die Zwiebeln schälen, halbieren und fein würfeln. Den Knoblauch schälen und in feine Scheiben schneiden. Den Brokkoli waschen, den Strunk entfernen und in kleine Röschen teilen.

Das Olivenöl in einem großen Topf erhitzen und den Brokkoli mit dem Knoblauch bei starker Hitze 4 Minuten braten. Die Zwiebeln und das Bolognese Gewürz dazugeben und 2 Minuten mitbraten. Mit dem Balsamicoessig ablöschen und mit Milch, Sahne und Wasser auffüllen und die Nudeln dazugeben. Mit 2 Prisen Salz würzen und die Nudeln abgedeckt bei mittlerer Hitze 10–15 Minuten al dente kochen.

Die Pasta auf tiefe Teller verteilen und sofort servieren.

Spaghetti Carbonara

würzige Pasta mit Ei & Speck

Es gibt kaum ein italienisches Gericht, das Spaghetti Carbonara an Cremigkeit übertrifft. Aber eine Sache haben wir auf unserer Reise durch Italien gelernt: Sahne hat in diesem italienischen Klassiker nichts zu suchen. Du brauchst nur Eier, Speck und Pecorino, um im Löffelumdrehen dieses cremige Lieblingsgericht zu zaubern. Unser Geheimtipp für die ultimative Würze: das Carbonara Gewürz.

30

4 Portionen | 20 Minuten

4 Eigelb

1 Ei

300 g Spaghetti

100 g Speck

100 g Pecorino, gerieben

100 ml Nudelwasser

3 Pr. Just Spices Carbonara Gewürz

In einer großen Schüssel Eigelb, Ei und das Carbonara Gewürz verrühren.

In einem Topf reichlich Wasser ohne Salz zum Kochen bringen, die Spaghetti nach Packungsanleitung al dente kochen, abgießen und dabei 100 ml Nudelwasser auffangen.

Den Speck in ca. 1 x 1 cm große Würfel schneiden und in einer kleinen Pfanne bei mittlerer Hitze knusprig braten.

Die gekochten Spaghetti tropfnass zum Ei in die Schüssel geben, den heißen Speck und das Nudelwasser dazugeben, sofort gut verrühren und servieren.

Tipp: Bei diesem Rezept ist es wichtig, Spaghetti, Speck und Nudelwasser direkt heiß zu vermischen, damit das Ei bei hoher Temperatur die Soße binden kann.

Ragù alla Bolognese

Spaghetti mit Hackfleischsoße

Mmh, bei dem Gedanken an Mamas Bolognese kommen Kindheitserinnerungen hoch. Dabei ist das echte italienische Ragù alla Bolognese ein echtes Gourmetgericht und bedarf etwas Geduld, während die Soße ein paar Stunden auf dem Herd brodelt. Wir haben für Dich ein schnelles Rezept für den Alltag entwickelt: mit authentischer Würze und ohne stundenlange Kochaktion.

4 Portionen

15 Minuten Zubereitung | 35 Minuten Kochen

1 Zwiebel
1 Karotte
50 g Staudensellerie
100 g Speck
1 EL Olivenöl
350 g Rinderhackfleisch
1 EL Tomatenmark
1 EL Balsamicoessig, dunkel
1 Dose stückige Tomaten, à 400 g
2 EL Sojasoße
300 g Spaghetti
100 ml Nudelwasser
100 ml Milch
250 g getrocknete Tomaten, in Öl
50 g Parmesan, gerieben
Salz, Pfeffer
5 Pr. Just Spices Bolognese Gewürz

Die Zwiebel und die Karotte schälen, halbieren und in kleine Würfel schneiden. Den Staudensellerie waschen, von den Fasern befreien und ebenfalls in kleine Würfel schneiden. Den Speck fein würfeln.

Das Olivenöl in einem Topf erhitzen und den Speck 5 Minuten bei mittlerer Hitze anbraten. Das geschnittene Gemüse dazugeben und 5 Minuten braten. Das Hackfleisch und das Bolognese Gewürz hinzufügen und 5 Minuten bei starker Hitze mitbraten. Das Tomatenmark dazugeben und mit dem Balsamicoessig ablöschen. Die stückigen Tomaten und die Sojasoße hinzufügen und abgedeckt bei leichter Hitze 35 Minuten garen.

In einem weiteren Topf reichlich Salzwasser zum Kochen bringen und die Spaghetti nach Packungsanleitung al dente kochen, abgießen und dabei 100 ml Nudelwasser auffangen.

Die Bolognesesoße mit 1 Prise Salz und 1 Prise Pfeffer würzen. Das Nudelwasser und die Milch dazugeben. Die getrockneten Tomaten aus dem Öl nehmen, in feine Streifen schneiden und zu der Bolognese geben. Den geriebenen Parmesan unterheben und zusammen mit den Spaghetti sofort servieren.

Linguine Verdura

Pasta mit buntem Gemüse

Mach Dich bereit für eine farbenfrohe Pasta mit vielen Zucchini- und Karottenstreifen. Dafür wird das Gemüse einfach mit einem Sparschäler in feine Streifen geschnitten. Natürlich eignet sich auch anderes Gemüse aus Deinem Kühlschrank wunderbar zur italienischen Resteverwertung. Buon appetito!

4 Portionen | 20 Minuten

200 g Linguine
2 Zucchini
4 Karotten
2 Knoblauchzehen
1 Stange Frühlingslauch
250 g Kirschtomaten
50 g Butter
100 ml Weißwein
150 ml Nudelwasser
Salz
5 Pr. Just Spices Grüner Pesto Mix

In einem Topf reichlich Salzwasser zum Kochen bringen, die Linguine nach Packungsanleitung al dente kochen, abgießen und dabei 150 ml Nudelwasser auffangen.

Die Zucchini waschen, die Enden abschneiden, die Karotten schälen und beides mit einem Sparschäler in lange Streifen schneiden. Den Knoblauch schälen und fein hacken. Den Frühlingslauch waschen und in feine Röllchen schneiden. Die Kirschtomaten waschen.

Die Butter in einer Pfanne bei mittlerer Hitze aufschäumen lassen und die Zucchini, den Knoblauch und die Karotten in einer großen Pfanne bei mittlerer Hitze 3 Minuten anbraten.

Die Kirschtomaten dazugeben, mit dem Grünen Pesto Mix und 2 Prisen Salz würzen. Mit dem Weißwein ablöschen und 2 Minuten köcheln lassen. Die gekochten Nudeln und das Nudelwasser hinzufügen und 2 Minuten bei mittlerer Hitze köcheln lassen. Den Frühlingslauch dazugeben, 1 Minute mitkochen und sofort servieren.

GRÜNER
PESTO
MIX
JUST SPICES

Spaghetti alla Puttanesca

Pasta mit Sardellen, Kapern & Oliven

Hol Dir die Sonne Süditaliens auf den Teller! Spaghetti alla Puttanesca, bekannt für ihren würzigen und intensiven Geschmack, gehören schon lange zu den Klassikern der italienischen Küche. Sardellenfilets, Oliven und Kapern machen die Spaghetti-Pfanne zu einem echten Geschmackshighlight. Da kommt man schnell ins Träumen.

30

4 Portionen | 25 Minuten

400 g Spaghetti
4 Knoblauchzehen
150 g Kirschtomaten
2 EL Olivenöl
100 ml Weißwein
1 Dose passierte Tomaten, à 400 g
15 Sardellenfilets, aus dem Glas
100 g Oliven, schwarz
3 EL Kapern
Salz
2 Pr. Just Spices Scharfes Pizza Gewürz
4 Pr. Just Spices Roter Pesto Mix

In einem Topf reichlich Salzwasser zum Kochen bringen, die Spaghetti nach Packungsanleitung al dente kochen und abgießen.

Den Knoblauch schälen und in ca. 0,5 cm breite Scheiben schneiden. Die Kirschtomaten waschen und halbieren.

Das Olivenöl in einer großen Pfanne erhitzen, die Knoblauchscheiben 2 Minuten bei mittlerer Hitze anschwitzen, mit Weißwein ablöschen und die Flüssigkeit vollständig einkochen lassen.

Die passierten Tomaten hinzufügen, 5 Minuten bei mittlerer Hitze köcheln lassen und mit dem Scharfen Pizza Gewürz und dem Roten Pesto Mix würzen.

Kirschtomaten, Sardellenfilets, Oliven und Kapern zu der Soße geben. Die Spaghetti unterheben und sofort servieren.

Schnelle Strozzapreti

Pasta mit Linsenragout

Strozzapreti, übersetzt „Priesterwürger", sind ineinander geschwungene Nudeln. Zur Namensherkunft gibt es mehrere Mythen. Eine besagt, dass Frauen, die damals die Nudeln herstellten, beim Gedanken an ihre ärmlichen Lebensbedingungen glatt jemanden den Hals umdrehen würden – sogar einem Priester. So entstand die gedrehte Form, die sich hervorragend für Ragouts und dickflüssige Soßen eignet.

4 Portionen | 30 Minuten

1 Karotte
1 Zwiebel
1 EL Olivenöl
200 g Berglinsen
100 ml Wasser
1 Dose passierte Tomaten, à 400 g
300 g Strozzapreti
250 g Kirschtomaten
1 Pr. Zucker
100 ml Nudelwasser
Salz
4 Pr. Just Spices Bolognese Gewürz

Die Karotte schälen und in ca. 1 x 1 cm kleine Würfel schneiden. Die Zwiebel schälen, halbieren und fein würfeln. Das Olivenöl in einer Pfanne erhitzen und die Karotte und die Zwiebel 5 Minuten bei leichter Hitze anbraten. Die Berglinsen und das Bolognese Gewürz hinzufügen und 1 Minute mitbraten. Mit Wasser und passierten Tomaten ablöschen und ca. 15–20 Minuten köcheln lassen, bis die Linsen bissfest gegart sind.

In einem Topf reichlich Salzwasser zum Kochen bringen, die Strozzapreti nach Packungsanleitung al dente kochen, abgießen und dabei 100 ml Nudelwasser auffangen.

Die Kirschtomaten waschen, halbieren, zur Linsensoße geben und mit 2 Prisen Salz und Zucker würzen. Die gekochten Nudeln und das Nudelwasser hinzufügen und 2 Minuten bei leichter Hitze köcheln lassen. Die Pasta auf Tellern verteilen und sofort servieren.

Tipp: Das Rezept passt auch zu jeder anderen kurzen Nudelsorte, zum Beispiel zu Penne, Rigatoni oder Maccaroni.

BOLOGNESE GEWÜRZ
JUST SPICES

ROTER PESTO MIX
JUST SPICES

Rigatoni al Pesto

Pasta mit Paprika-Walnuss-Pesto

Pesto geht einfach immer! Schnell gemacht und so würzig und lecker. Dabei ist Pesto in seiner Ursprungsform keine Idee der schnellen Küche, sondern eine traditionelle Pastasoße aus Ligurien. Mit unserem Roten Pesto Mix kannst Du blitzschnell ein leckeres Pesto selbst zubereiten. Dazu passen hervorragend geröstete Paprika und Walnusskerne. Pesto perfetto!

4 Portionen

25 Minuten Zubereitung | 15 Minuten Backen

Für das Pesto:

2 Paprika, rot

60 ml Olivenöl

100 g Walnusskerne

5 Pr. Just Spices Roter Pesto Mix

300 g Rigatoni

2 Stangen Frühlingslauch

100 ml Nudelwasser

Salz

Den Backofen auf maximale Temperatur vorheizen.

Die Paprika waschen, halbieren, entkernen und mit einem Messer die weißen Fasern entfernen. Die Paprikahälften auf ein mit Backpapier ausgelegtes Backblech legen, mit 1 EL Olivenöl beträufeln und auf der obersten Schiene des Backofens 10–15 Minuten backen, bis die Haut der Paprika dunkel geröstet ist. Die Paprika in eine Schüssel mit kaltem Wasser geben und 10 Minuten auskühlen lassen.

Währenddessen die Walnusskerne mit einem Messer grob zerhacken und in einer beschichteten Pfanne ohne Fett bei mittlerer Hitze anrösten. Dabei gelegentlich umrühren, damit die Kerne nicht verbrennen. Anschließend herausnehmen und beiseitestellen.

80 g der gerösteten Walnusskerne in ein hohes Gefäß geben, den Rest beiseitestellen. Die Paprika aus dem Wasser nehmen, die Schale mit einem kleinen Messer abziehen und die gehäuteten Paprika zu den Walnusskernen geben. Das restliche Olivenöl hinzufügen, mit einem Pürierstab fein mixen und mit dem Roten Pesto Mix würzen.

In einem Topf reichlich Salzwasser zum Kochen bringen, die Rigatoni nach Packungsanleitung al dente kochen, abgießen und dabei 100 ml Nudelwasser auffangen.

Den Frühlingslauch waschen und in feine Ringe schneiden. Das Pesto in eine Pfanne geben, das Nudelwasser hinzufügen und bei mittlerer Hitze erwärmen. Die gekochten Rigatoni tropfnass in die Pfanne geben und 2 Minuten mitköcheln lassen. Den Frühlingslauch unterheben, auf Tellern verteilen und mit den restlichen Walnüssen garnieren.

Pappardelle e Zucchine

Bandnudeln mit Zucchini, Parmesan & Zitrone

Pappardelle haben ihren Ursprung in der Toskana. Sie sind etwas breiter als Tagliatelle und werden meist als kleine Nudelnester verkauft. Besonders an warmen Sonnentagen schmecken die Bandnudeln sehr erfrischend mit einer hellen Ricotta-Soße, einem Schuss Zitrone und feinen Zucchinistreifen. Ein toskanischer Sommertraum!

4 Portionen | 20 Minuten

300 g Bandnudeln
2 Zucchini
2 Knoblauchzehen
1 Zitrone, Saft und Abrieb
2 EL Olivenöl
150 ml Nudelwasser
200 g Ricotta
50 g Parmesan, gerieben
Salz, Pfeffer
4 Pr. Just Spices Spinat Gewürz

In einem Topf reichlich Salzwasser zum Kochen bringen, die Bandnudeln nach Packungsanleitung al dente kochen, abgießen und dabei 150 ml Nudelwasser auffangen.

Die Zucchini waschen, beide Enden abschneiden und mit einem Sparschäler lange Streifen abziehen. Den Knoblauch schälen und in dünne Scheiben schneiden. Die Zitrone waschen, die Schale abreiben und den Saft auspressen.

Das Olivenöl in einer Pfanne erhitzen und den Knoblauch 5 Minuten bei mittlerer Hitze goldbraun anbraten. Die Zucchini hinzufügen und 2 Minuten mitbraten. Den Zitronensaft, die Nudeln und das Nudelwasser in die Pfanne geben und untermischen. Den Ricotta einrühren und mit dem Spinat Gewürz, 1 Prise Salz und 2 Prisen Pfeffer würzen. 1 Minute bei mittlerer Hitze köcheln lassen und den Zitronenabrieb untermischen.

Die Bandnudeln auf Tellern verteilen und mit dem Parmesan servieren.

CARBONARA GEWÜRZ
JUST SPICES

Linguine al Limone

Pasta mit Zitrone & Basilikum

Wenn Dir das Leben Zitronen gibt, dann frag nach, ob Du auch noch etwas Pasta haben kannst. Etwas Basilikum dazu und der erfrischende Pasta-Traum ist fertig. Jetzt heißt es nur noch Augen schließen, zurücklehnen und genießen!

4 Portionen | 20 Minuten

400 g Linguine
4 Eigelb
½ Zitrone, Saft und Abrieb
50 g Parmesan, gerieben
50 ml Olivenöl
3 Bund Basilikum
100 ml Nudelwasser
Salz, Pfeffer
3 Pr. Just Spices Carbonara Gewürz

In einem Topf reichlich Wasser ohne Salz zum Kochen bringen, die Linguine nach Packungsanleitung al dente kochen, abgießen und dabei 100 ml Nudelwasser auffangen.

Die Eigelbe in eine große Schüssel geben. Die Zitrone waschen, eine Hälfte der Schale abreiben, die Zitrone halbieren und eine Hälfte auspressen. Saft, Abrieb und den geriebenen Parmesan zum Eigelb geben. Mit dem Carbonara Gewürz, 1 Prise Salz und 3 Prisen Pfeffer würzen.

Das Olivenöl in ein hohes Gefäß füllen. Das Basilikum waschen, trocken tupfen, abzupfen, zum Olivenöl geben und mit einem Pürierstab zu einer homogenen Masse mixen. Das Basilikumöl zum Eigelb geben und gründlich verrühren.

Die gekochten Linguine in die Schüssel füllen und das Nudelwasser dazugeben, gut verrühren und sofort servieren.

Orecchiette ai Funghi

Pasta mit veganer Pilz-Bolognese

Vegane Bolognese kann nicht so intensiv und würzig schmecken wie das Original? Du wirst überrascht sein: Diese Variante des italienischen Klassikers schmeckt richtig authentisch – und das ganz ohne Fleisch. Für täuschend echten Bolognese-Genuss sorgen getrocknete Steinpilze, frische Pilze, Karotten und unser Bolognese Gewürz.

4 Portionen

20 Minuten Zubereitung | 45 Minuten Kochen

600 g Pilze, nach Wahl
20 g Steinpilze, getrocknet
1 Karotte, klein
1 Stange Staudensellerie
3 Zwiebeln, rot
2 Knoblauchzehen
1 Rispentomate
2 EL Olivenöl
1 EL Tomatenmark
2 EL Sojasoße
2 Dosen geschälte Tomaten, à 400 g
1 Pr. Zucker
300 g Orecchiette
200 ml Nudelwasser
Salz
4 Pr. Just Spices Bolognese Gewürz

Den Backofen auf 100 °C (Umluft) vorheizen.

Die frischen Pilze putzen und mit den getrockneten Steinpilzen möglichst fein hacken. Die Pilze auf ein mit Backpapier ausgelegtes Backblech legen und 15 Minuten in den Backofen geben.

Die Karotte schälen, den Staudensellerie waschen, von den Fasern befreien und beides in ca. 0,5 x 0,5 cm kleine Würfel schneiden. Die Zwiebeln schälen, halbieren und fein würfeln. Den Knoblauch schälen und fein hacken. Die Rispentomate waschen und grob würfeln.

In einer großen Pfanne das Olivenöl erhitzen und die Karotte, den Staudensellerie, die Zwiebeln und den Knoblauch 5 Minuten bei mittlerer Hitze anbraten. Die Pilze aus dem Ofen nehmen, dazugeben und bei starker Hitze 3 Minuten mitbraten. Das Tomatenmark und das Bolognese Gewürz unterrühren und 1 Minute mitbraten. Mit der Sojasoße ablöschen und die geschälten Tomaten hinzufügen. Mit 2 Prisen Salz und 1 Prise Zucker würzen und bei leichter Hitze 45 Minuten köcheln lassen. Die gewürfelte Tomate 20 Minuten vor Ende der Garzeit hinzufügen.

In einem Topf reichlich Salzwasser zum Kochen bringen, die Orecchiette nach Packungsanleitung al dente kochen, abgießen und dabei 200 ml Nudelwasser auffangen. Kurz vor Ende der Garzeit die Nudeln und das Nudelwasser zur Bolognese in die Pfanne geben, 1 Minute mitköcheln lassen und servieren.

Tipp: Die Pilz-Bolognese kannst Du super einen Tag vorher vorbereiten, sie schmeckt beim erneuten Aufwärmen sogar noch intensiver.

Fusilli Bucati

Pasta mit rotem Pesto & Mozzarella

Zeit für eine neue Pastasorte: Fusilli Bucati sind gekringelte Nudeln, die etwas dicker und von innen hohl sind. Durch ihre außergewöhnliche Form haftet bei diesem Rezept unser würziges, selbst gemachtes Pesto besonders gut. Falls Du keine Fusilli Bucati zu Hause hast, kannst Du auch einfach normale Fusilli nehmen.

4 Portionen | 20 Minuten

Für das Pesto:

2 Bund Basilikum
1 Knoblauchzehe
100 g getrocknete Tomaten, in Öl
50 g Mandeln, gehobelt
100 ml Olivenöl
Salz, Pfeffer
4 Pr. Just Spices Pasta Allrounder

300 g Fusilli Bucati
250 g Kirschtomaten
50 ml Nudelwasser
1 EL Olivenöl
1 Laib Mozzarella, à 125 g

In einem Topf reichlich Salzwasser zum Kochen bringen, die Fusilli Bucati nach Packungsanleitung al dente kochen, abgießen und dabei 50 ml Nudelwasser auffangen.

Für das Pesto das Basilikum waschen, trocken tupfen und abzupfen. Den Knoblauch schälen und halbieren. Die getrockneten Tomaten aus dem Öl nehmen und halbieren.

In einer beschichteten Pfanne die Mandeln ohne Fett bei mittlerer Hitze goldgelb anrösten. Dabei gelegentlich umrühren, damit die Mandeln nicht verbrennen. Anschließend herausnehmen und in ein hohes Gefäß geben. Den Knoblauch, die getrockneten Tomaten, Olivenöl und die Hälfte des Basilikums dazugeben und mit einem Pürierstab zu einer homogenen Masse mixen. Mit dem Pasta Allrounder, 1 Prise Salz und 2 Prisen Pfeffer würzen.

Die Kirschtomaten waschen und halbieren. In einer Pfanne 1 EL Olivenöl erhitzen und die Kirschtomaten 5 Minuten bei mittlerer Hitze anbraten. Das Pesto in die Pfanne geben, die Nudeln und das Nudelwasser hinzufügen und 1 Minute köcheln lassen.

Den Mozzarella klein zupfen, dazugeben, das restliche Basilikum unterheben und sofort servieren.

Tipp: Für ein besonders aromatisches Ergebnis kannst Du einfach das Olivenöl durch das Tomatenöl der eingelegten, getrockneten Tomaten ersetzen.

Spaghetti Cacio e Pepe

cremige Pasta mit Käse & Pfeffer

Cacio e Pepe – Käse und Pfeffer. Mehr braucht es nicht für diese leckere Pasta. Der Name verrät schon, was hinter diesem alten römischen Gericht steckt. Im Handumdrehen sind diese Spaghetti zubereitet. Nicht nur einfach, sondern auch lecker. Der besondere Pfiff kommt durch das Carbonara Gewürz, den aromatischen Pecorino und den leicht scharfen Pfeffer.

30

4 Portionen | 15 Minuten

400 g Spaghetti
200 ml Nudelwasser
200 g Pecorino, gerieben
Pfeffer
2 Pr. Just Spices Carbonara Gewürz

In einem Topf reichlich Salzwasser zum Kochen bringen, die Spaghetti nach Packungsanleitung al dente kochen, abgießen und dabei 200 ml Nudelwasser auffangen.

Die gekochten Nudeln mit dem Nudelwasser und dem Pecorino in eine Schüssel geben und gründlich verrühren, bis eine cremige Konsistenz entsteht. Mit 2 Prisen Pfeffer und dem Carbonara Gewürz abschmecken und heiß servieren.

Fregola Sarda al Pomodoro

sardische Pasta mit Tomate

Fregola Sarda sind kleine, handgerollte Nudelkügelchen aus Hartweizengrieß. Sie stammen ursprünglich aus Sardinien und gehören zu den unbekanntesten Pastasorten. Es gibt sie geröstet und als „normale" Pasta. Wir haben geröstete Fregola verwendet, wodurch das Gericht würziger und nussiger wird.

4 Portionen

10 Minuten Zubereitung | 30 Minuten Kochen

2 Zwiebeln, rot
1 Knoblauchzehe
1 EL Olivenöl
1 TL Balsamicoessig, hell
200 g Fregola
2 Dosen stückige Tomaten, à 400 g
150 ml Wasser
50 g Parmesan, gerieben
Salz
5 Pr. Just Spices Roter Pesto Mix

Die Zwiebeln schälen, halbieren und fein würfeln. Den Knoblauch schälen und fein hacken. Das Olivenöl in einem Topf erhitzen, die Zwiebeln und den Knoblauch 4 Minuten bei mittlerer Hitze glasig anschwitzen.

Den Roten Pesto Mix hinzugeben, 1 Minute mitbraten und mit dem Balsamicoessig ablöschen. Fregola, stückige Tomaten und Wasser hinzufügen. Unter Rühren bei leichter Hitze ca. 30–35 Minuten köcheln lassen, bis die Fregola al dente gekocht sind.

Den Parmesan unterheben, mit 1 Prise Salz würzen und sofort servieren.

Spinat-Lachs-Lasagne

mit Parmesankruste

Wenn Lachs, Spinat, Tomaten und Nudelplatten mit einer würzigen Parmesankruste in den Ofen geschoben werden, entsteht eine rundum harmonische Variation der klassischen italienischen Lasagne. Besonderes Highlight: Als frisches Topping kommt noch ein knackiger Spinatsalat obendrauf – zum Reinsetzen!

4 Portionen

25 Minuten Zubereitung | 45 Minuten Backen

2 Zwiebeln, rot
3 Knoblauchzehen
2 EL Olivenöl
375 g junger Blattspinat
600 g Lachsfilet
300 g Lasagneplatten
150 g Kirschtomaten
1 EL Balsamicoessig, hell
Salz
6 Pr. Just Spices Spinat Gewürz

Für die Soße:

40 g Butter
50 g Mehl
350 ml Milch
250 g Sahne
60 g Parmesan, gerieben
Salz, Pfeffer

Die Zwiebeln schälen, halbieren und fein würfeln. Den Knoblauch schälen und fein hacken. In einer Pfanne 1 EL Olivenöl erhitzen und Zwiebeln und Knoblauch bei mittlerer Hitze 3 Minuten anbraten. Den Spinat waschen, trocken schleudern und 250 g in eine zweite Pfanne geben. Mit 4 Prisen Spinat Gewürz würzen und bei leichter Hitze abgedeckt 10 Minuten weich garen. Das Lachsfilet von Gräten und Haut befreien, in ca 0,5 cm breite Streifen schneiden und bis zur Verwendung kalt stellen.

Für die Soße die Butter in einem Topf schmelzen lassen, das Mehl mit dem Schneebesen untermixen und unter Rühren 5 Minuten hellgelb anschwitzen. Nach und nach Milch und Sahne dazugeben und die Soße unter Rühren aufkochen. Den Parmesan einrühren und die Soße bei leichter Hitze 5 Minuten köcheln lassen, bis sie eindickt und mit je 2 Prisen Salz und Pfeffer würzen.

Den Backofen auf 185 °C (Umluft) vorheizen.

Zum Schichten eine große Auflaufform mit etwas Butter einfetten. Den Boden der Form mit einer ersten Schicht Soße bestreichen und mit einer Schicht Lasagneplatten belegen. Darauf eine weitere Schicht der Soße, eine Lage Lachs und den gegarten Spinat verteilen. Diesen Vorgang so lange wiederholen, bis die Lasagneplatten aufgebraucht sind und mit einer Schicht Soße enden.

Die Kirschtomaten waschen, halbieren, auf der Lasagne verteilen und im Ofen 40–45 Minuten backen, bis die Kruste goldbraun ist. Aus dem Ofen nehmen und 5 Minuten abkühlen lassen. Den restlichen Spinat in eine Schüssel geben und mit 1 EL Olivenöl, 1 Prise Salz, 2 Prisen Spinat Gewürz und dem Balsamico vermischen. Den Spinatsalat über der Lasagne verteilen und sofort servieren.

SPINAT
GEWÜRZ

Klassische Lasagne

mit Hackfleisch- & Béchamelsoße

Lasagne al Forno – wer mag dieses geniale Traditionsgericht aus Bologna eigentlich nicht? Nicht ohne Grund ist die Lasagne so beliebt. Während sich der Duft schon im ganzen Haus verbreitet, steigt die Vorfreude auf das Essen bereits ins Unermessliche. Wir haben für Dich die klassische Version mit einer aromatischen Hackfleisch-Béchamel-soßen-Füllung kreiert. Schicht für Schicht ein Genuss!

4 Portionen

30 Minuten Zubereitung | 60 Minuten Schmorzeit | 35 Minuten Backen

Für die Hackfleischsoße:

1 Zwiebel
1 Karotte
50 g Staudensellerie
150 g Speck
1 EL Olivenöl
500 g Rinderhackfleisch
2 EL Tomatenmark
100 ml Weißwein
400 ml Geflügelbrühe
1 Dose geschälte Tomaten, à 400 g
Salz
5 Pr. Just Spices Italian Allrounder

Für die Béchamelsoße:

50 g Butter
40 g Mehl
500 ml Vollmilch
Salz

250 g Lasagneplatten
2 Laib Mozzarella, à 125 g

Für die Hackfleischsoße die Zwiebel schälen und klein schneiden. Die Karotte schälen, längs vierteln und fein würfeln. Den Sellerie waschen, von den Fasern befreien und in kleine Würfel schneiden. Den Speck ebenfalls fein würfeln.

Das Olivenöl in einem Topf erhitzen und den Speck 5 Minuten bei mittlerer Hitze anbraten. Das geschnittene Gemüse dazugeben und 5 Minuten braten. Das Hackfleisch hinzufügen und 5 Minuten bei starker Hitze mitbraten. Mit dem Tomatenmark, dem Italian Allrounder und 1 Prise Salz würzen. Mit dem Weißwein ablöschen und einkochen lassen. Die Geflügelbrühe und die geschälten Tomaten dazugeben und bei mittlerer Hitze 60 Minuten köcheln lassen.

Für die Béchamelsoße die Butter in einem Topf bei mittlerer Hitze schmelzen, das Mehl mit dem Schneebesen untermixen und unter Rühren hellgelb anschwitzen. Nach und nach die Milch dazugeben und die Soße unter ständigem Rühren aufkochen lassen. Die Soße bei leichter Hitze 2 Minuten weiterköcheln lassen, bis sie eindickt, und mit 2 Prisen Salz würzen.

Den Backofen auf 190 °C (Umluft) vorheizen.

Eine große Auflaufform mit etwas weicher Butter einfetten. Den Boden der Form mit einer Schicht Hackfleischsoße bestreichen und mit einer Schicht Lasagneplatten belegen. Darauf eine weitere Schicht Hackfleischsoße und eine Lage Béchamelsoße verteilen. Diesen Vorgang so lange wiederholen, bis die Platten aufgebraucht sind und mit einer Schicht Béchamelsoße enden. Den Mozzarella in Streifen schneiden. Die Lasagne mit dem Käse bedecken, im Ofen 30–35 Minuten backen, bis die Kruste goldbraun ist. Aus dem Ofen nehmen und 5 Minuten abkühlen lassen.

Risotto, Gnocchi & Polenta

Gnocchi

[ˈɲɔkːi]

Bedeutung: Klöße, Nocken

Sie stehen von Pizza-Bude bis Nobelrestaurant so ziemlich auf jeder Karte: Gnocchi!

Neben klassischer Pasta und Pizza gehören die kleinen Klöße, die heute meist aus Kartoffeln hergestellt werden, zu den absoluten Klassikern der italienischen Küche. Selbst die Römer kannten Gnocchi schon, bereiteten sie aber damals aus einem Maisgrießteig zu: Eine Kreation, die unter dem Namen „Gnocchi alla Romana" noch immer in vielen Küchen Mittelitaliens serviert wird.

Unsere persönliche Geschichte mit den Gnocchi reicht zwar nicht ganz so weit zurück – dafür steckt sie mindestens genauso voller Leidenschaft für die kleinen Klößchen. Die bunte Gnocchi-Pfanne aus unserem ersten Kochbuch hat nicht nur unserer Family ganz besonders gemundet, sie wurde auch von Euch ordentlich gefeiert und fleißig nachgekocht. Auch unsere neue Produktreihe IN MINUTES, unsere natürlichen Fix-Gerichte, wurde mit der Sorte „Happy Pan" um ein absolutes Gnocchi-Highlight ergänzt. Wir lieben Gnocchi für ihren sanften Geschmack, der so vielseitig ist, dass sie sich wirklich wunderbar kreativ kombinieren lassen. Außerdem sind sie mit etwas Übung easy selbst gemacht.

Fun Fact: Du denkst, Deine Gnocchi-Liebe ist gar nicht mehr zu toppen? Dann ab nach Verona! In der wunderschönen Stadt im Norden Italiens gibt es an Karneval einen ganzen Umzug nur zu Ehren der Gnocchi. Angeführt wird dieser vom „Papà del Gnoco", der einen gigantischen Kartoffelkloß und eine Gabel trägt. Und gegessen wird – natürlich – Gnocchi, die der „Papà" verteilt. Ein kleiner Beweis also, dass eine Gnocchi-Party absolut berechtigt ist!

Damit auch Deiner persönlichen Feier der kleinen Klößchen nichts mehr im Weg steht, haben wir alles gegeben und ein Gnocchi-Rezept kreiert, das Deinen kulinarischen Horizont um ein superknolliges Level erweitert. Übrigens: Du kannst Gnocchi – wenn es mal besonders schnell gehen muss – natürlich auch fertig kaufen. Am besten greifst Du dann auf die Variante aus dem Kühlregal zurück. Diese kommt den selbst gemachten Gnocchi am nächsten und enthält ähnlich wie die hausgemachte Version fast nur Kartoffeln.

Am besten schmeckt es aber natürlich, wenn Du sie selbst zubereitest, und mit ein bisschen Übung klappt das auch wirklich easy. Ehrenwort!

Grundrezept: Gnocchi

Gnocchi sind kleine, fluffige Kartoffelklößchen, die Du im Handumdrehen selbst machen kannst. Mit nur 4 Zutaten sind die kleinen Lieblinge der italienischen Küche unkompliziert in der Herstellung und mit etwas Übung ruckzuck fertig. Auch in unserem Grundrezept haben wir das typische Rillenmuster aufgenommen, das dafür sorgt, dass sich die Gnocchi später besser mit der Soße verbinden.

4 Portionen

20 Minuten Zubereitung | 45 Minuten Backen

500 g Kartoffeln, mehligkochend

150 g Mehl, Type 00

1 Ei

Salz

Den Backofen auf 180 °C (Umluft) vorheizen.

Die Kartoffeln waschen, in eine ofenfeste Form geben, mit Alufolie abdecken und 45 Minuten in den vorgeheizten Backofen geben. Je nach Größe der Kartoffeln so lange backen lassen, bis sie komplett weich sind.

Die gegarten Kartoffeln noch heiß schälen, in eine Schüssel geben und mit einer Gabel fein zerdrücken. Das Mehl und das Ei hinzufügen, mit den Händen zu einem glatten Teig kneten und 2 Prisen Salz dazugeben.

Die Arbeitsfläche mit Mehl bestäuben und den Kartoffelteig so lange kneten, bis er nicht mehr auf der Arbeitsfläche klebt. Den Teig dritteln und zu daumendicken Rollen formen. Mit einem Messer in ca. 2 cm breite Stücke schneiden. Für das typisch geriffelte Muster die Kartoffelteigstücke über den Rücken einer Gabel rollen. Die Gnocchi auf ein bemehltes Tuch geben, damit sie nicht festkleben.

In einem Topf reichlich Salzwasser zum Kochen bringen. Den Herd auf leichte Hitze reduzieren und die Gnocchi ca. 2 Minuten im siedenden Wasser garen. Sobald die Gnocchi an der Wasseroberfläche schwimmen, sind sie fertig und können abgegossen werden.

Die gekochten Gnocchi direkt weiterverwenden.

Tipp: Die Gnocchi kannst Du auch sehr gut einfrieren. Nach dem Garen mit kaltem Wasser abschrecken, nebeneinander auf ein Blech geben und über Nacht im Tiefkühlschrank einfrieren. Danach in eine verschließbare Box geben und bei Bedarf eine Portion auftauen.

Gnocchi in Salbeibutter

mit Parmesan

Salbei, eine der ältesten und bekanntesten Heilpflanzen, ist ein unverzichtbares Gewürzkraut der italienischen Küche. In einer Butterschmelze kann sich das Aroma der Salbeiblätter komplett entfalten und wird durch das Mitbraten zur krossen Komponente neben den zarten Gnocchi. Das nennen wir mal ein kulinarisches Quartetto perfetto: Gnocchi, Butter, Parmesan und Salbei.

4 Portionen | 15 Minuten

(+ Grundrezept S. 126)

1 Grundrezept Gnocchi von S. 126
oder 500 g gekaufte Gnocchi

80 g Butter
30 g Salbei
50 g Parmesan, gerieben
2 Pr. Just Spices Carbonara Gewürz

Die selbst gemachten Gnocchi wie auf Seite 126 beschrieben zubereiten. Alternativ die gekauften Gnocchi nach Packungsanleitung im siedenden Wasser garen.

In einer Pfanne die Butter schmelzen und die Gnocchi bei mittlerer Hitze 5 Minuten braten. Die Salbeiblätter waschen, trocken tupfen, in die Pfanne geben und 2 Minuten mitbraten.

Mit dem Carbonara Gewürz würzen, auf Tellern anrichten und den Parmesan über den Gnocchi verteilen.

Gnocchi Mozzarella

mit aromatischen Kirschtomaten

Diese Speise ist ein schneller Feierabendschmaus: ganz simpel und so lecker! Hast Du die handgeformten Gnocchi von Seite 126 schon vorbereitet? Dann wird dieses Gericht in Windeseile zu einem kleinen kulinarischen Ausflug nach Italien.

4 Portionen | 20 Minuten

(+ Grundrezept S. 126)

1 Grundrezept Gnocchi von S. 126
oder 500 g gekaufte Gnocchi

2 EL Olivenöl
500 g Kirschtomaten
2 Knoblauchzehen
2 TL Balsamicoessig, dunkel
125 g Mozzarellakugeln
1 Pr. Zucker
Salz
6 Pr. Just Spices Roter Pesto Mix

Die selbst gemachten Gnocchi wie auf Seite 126 beschrieben zubereiten. Alternativ die gekauften Gnocchi nach Packungsanleitung im siedenden Wasser garen.

In einer Pfanne 1 EL Olivenöl erhitzen und die Gnocchi 5 Minuten braten, herausnehmen und beiseitestellen. Die Tomaten waschen, den Knoblauch schälen und fein hacken. In der gleichen Pfanne 1 EL Olivenöl erhitzen und die Tomaten mit dem Knoblauch bei mittlerer Hitze 5 Minuten braten.

Mit dem Roten Pesto Mix, 1 Prise Salz und Zucker würzen und mit dem Balsamicoessig ablöschen. Die Gnocchi dazugeben und 1 Minute köcheln lassen. Die Mozzarellakugeln abtropfen lassen, in die Pfanne geben und 2 Minuten schmelzen lassen.

Die Gnocchi auf Tellern anrichten und heiß servieren.

ROTER PESTO MIX
JUST SPICES

CARBONA
GEWÜRZ

Cremige Gnocchi

mit Parmesan, Lauch & Speck

Wenn Du die Gnocchi nicht mehr zubereiten musst oder zu Gnocchi aus dem Kühlregal greifst, steht dieses Wohlfühlessen in weniger als 30 Minuten auf dem Tisch. Herzhafter Speck und der feine Geschmack des Lauchs sorgen in einer cremigen Sahnesoße für Genussmomente. Du bist ein echter Feinschmecker? Dann verwende doch mal italienischen Pancetta statt klassischen Bauchspeck.

4 Portionen | 20 Minuten
(+ Grundrezept S. 126)

1 Grundrezept Gnocchi von S. 125
oder 500 g gekaufte Gnocchi

200 g Speck
250 g Lauch
1 Knoblauchzehe
2 EL Olivenöl
50 ml Weißwein
250 ml Sahne
200 ml Wasser
50 g Parmesan, gerieben
3 Pr. Just Spices Carbonara Gewürz

Die selbst gemachten Gnocchi wie auf Seite 126 beschrieben zubereiten. Alternativ die gekauften Gnocchi nach Packungsanleitung im siedenden Wasser garen.

Den Speck in ca. 1 x 1 cm große Würfel schneiden. Den Lauch putzen, längs halbieren, waschen und in ca. 0,5 cm breite Streifen schneiden. Den Knoblauch schälen und fein hacken.

In einer Pfanne 1 EL Olivenöl erhitzen und die Gnocchi bei mittlerer Hitze 5 Minuten anbraten, herausnehmen und beiseitestellen. In der gleichen Pfanne das restliche Olivenöl erhitzen und die Speckwürfel bei mittlerer Hitze 4 Minuten knusprig braten.

Lauch und Knoblauch hinzugeben, mit dem Carbonara Gewürz würzen und 1 Minute mitbraten. Mit dem Weißwein ablöschen, die Sahne und das Wasser hinzufügen und 3 Minuten bei mittlerer Hitze köcheln lassen.

Die Gnocchi in die Pfanne geben und 2 Minuten mitköcheln lassen. Den geriebenen Parmesan unterheben und sofort servieren.

Gnocchi al Forno

überbackene Gnocchi mit grünem Pesto

Mit diesem Gericht kann man Herzen gewinnen! Überbacken im Ofen mit der fruchtigen Tomatensoße und einem selbst gemachten Pesto haben die kleinen Kartoffelhappen Lieblingsgericht-Potenzial. Traditionell werden die Gnocchi in kleinen Terrakotta-Förmchen überbacken und einzeln angerichtet. Der Vorteil daran: mehr Käsekruste für jeden!

4 Portionen

20 Minuten Zubereitung | 10 Minuten Backen

(+ Grundrezept S. 126)

1 Grundrezept Gnocchi von S. 126
oder 500 g gekaufte Gnocchi

1 Zwiebel, rot
1 Knoblauchzehe
150 g Kirschtomaten
2 EL Pinienkerne
1 EL Wasser
5 EL Olivenöl
1 EL Tomatenmark
1 Dose Kirschtomaten, à 400 g
2 EL Balsamicoessig, hell
50 ml Sahne
1 Laib Mozzarella, à 125 g
1 Bund Basilikum
Salz, Pfeffer
5 TL Just Spices Grüner Pesto Mix

Die selbst gemachten Gnocchi wie auf Seite 126 beschrieben zubereiten. Alternativ die gekauften Gnocchi nach Packungsanleitung im siedenden Wasser garen.

Die Zwiebel und den Knoblauch schälen und fein würfeln. Die Tomaten waschen und halbieren. Die Pinienkerne in einer beschichteten Pfanne ohne Fett bei mittlerer Hitze goldgelb anrösten. Dabei gelegentlich umrühren, damit die Kerne nicht verbrennen. Anschließend herausnehmen und beiseitestellen.

Den Grünen Pesto Mix mit 1 EL Wasser und 3 EL Olivenöl verrühren und quellen lassen. Den Backofen auf 180 °C (Ober-/Unterhitze) vorheizen.

In einer ofenfesten Pfanne 2 EL Olivenöl erhitzen und die Zwiebel und den Knoblauch glasig anschwitzen. Das Tomatenmark dazugeben und 2 Minuten mitrösten. Die Tomatenhälften, die Tomaten aus der Dose und den Balsamicoessig dazugeben. Mit 1 Prise Salz und 1 Prise Pfeffer würzen und bei mittlerer Hitze 5–7 Minuten köcheln lassen.

Die Sahne dazugeben und verrühren. Die Gnocchi in einem Sieb abtropfen lassen, in die Pfanne geben und mit der Soße verrühren. Den Mozzarella grob zupfen und über den Gnocchi in der Pfanne verteilen. Das angerührte Pesto auf den Mozzarella geben. Die Pfanne im vorgeheizten Ofen auf der mittleren Schiene 10 Minuten backen, bis der Käse geschmolzen ist.

Das Basilikum waschen, trocken tupfen und grob hacken. Die Gnocchi aus dem Ofen nehmen, das Basilikum und die Pinienkerne darüberstreuen und servieren.

GEMÜSEBRÜHE
OHNE
ZUCKERZUSATZ

Risotto Bianco

klassisches Risotto mit Weißwein

Rühren, rühren, rühren – so lautet das Zauberwort für ein perfektes Risotto. Durch das Rühren reiben die Reiskörner aneinander, die Stärke kann sich lösen und Dein Risotto erhält die typisch schlotzige und cremige Konsistenz. Einmal gewusst wie, kannst Du aus den zarten Reiskörnern unglaublich viele leckere Rezepte zaubern. Den letzten Feinschliff erhält das italienische Deluxe-Gericht durch würzigen Parmesan.

4 Portionen | 40 Minuten

1 l Wasser
50 g Butter
3 Schalotten
1 Knoblauchzehe
1 EL Olivenöl
300 g Risottoreis
100 ml Weißwein
100 g Parmesan, gerieben
Salz
3 TL Just Spices Gemüsebrühe ohne Zuckerzusatz

Das Wasser mit der Gemüsebrühe in einem Topf verrühren, einmal aufkochen und 5 Minuten ziehen lassen. Die Gemüsebrühe durch ein feines Sieb in eine Schüssel passieren, zurück in den Topf geben und warm halten.

Die Butter in Stücke schneiden und bis zur Verwendung kalt stellen.

Die Schalotten schälen, halbieren und in feine Würfel schneiden. Den Knoblauch schälen und fein hacken. Das Öl in einem Topf erhitzen und die Schalotten und den Knoblauch 2 Minuten bei leichter Hitze glasig anschwitzen. Den Risottoreis hinzufügen, 2 Minuten mitgaren lassen und mit dem Weißwein ablöschen.

Eine Kelle der warmen Brühe dazugeben, unter Rühren bei kleiner Hitze köcheln lassen, bis der Reis die Flüssigkeit aufgenommen hat. Dabei darauf achten, nur so viel Brühe hinzuzugeben, bis der Reis gerade mit Flüssigkeit bedeckt ist. Diesen Schritt so lange wiederholen, bis die Brühe aufgebraucht ist, der Reis eine cremige und schlotzige Konsistenz hat, aber die Reiskörner von innen noch bissfest sind.

Die kalte Butter und den Parmesan unterrühren, mit 2 Prisen Salz würzen und sofort servieren.

Tipp: Als alkoholfreie Variante kannst Du den Weißwein auch weglassen und stattdessen einfach den Saft einer Zitrone und 2 TL hellen Balsamicoessig verwenden.

Risotto ai Pomodori

Cremiges Risotto mit Kirschtomaten

Die italienische Küche bietet mehr als nur Pasta & Pizza: Verführerisch und aromatisch kann auch ein Risotto sein und zudem ist es so unglaublich cremig. Unser Tomatenrisotto ist eine leckere Beilage, kann aber auch als Hauptgang serviert werden. Nicht nur der Geschmack, sondern auch die Farbe erinnert an einen lauen Sommerabend in der Toskana. Mit nur einem Bissen verliebt – das ist ganz klar Amore!

4 Portionen | 40 Minuten

600 ml Wasser
1 Dose stückige Tomaten, à 400 g
50 g Butter
1 Zwiebel, rot
2 Knoblauchzehen
1 EL Olivenöl
½ EL Tomatenmark
300 g Risottoreis
150 ml Weißwein
200 g Kirschtomaten
1 Bund Basilikum
100 g Parmesan, gerieben
1 Pr. Zucker
Salz
3 Pr. Just Spices Italian Allrounder

In einem Topf das Wasser mit den stückigen Tomaten und dem Italian Allrounder verrühren, einmal aufkochen lassen und warm halten.

Die Butter in Stücke schneiden und bis zur Verwendung kalt stellen.

Die Zwiebel schälen, halbieren und in feine Würfel schneiden. Den Knoblauch schälen und fein hacken. Das Olivenöl in einem Topf erhitzen und die Zwiebel und den Knoblauch 2 Minuten bei leichter Hitze glasig anschwitzen. Das Tomatenmark und den Risottoreis hinzufügen, 2 Minuten mitgaren lassen und mit dem Weißwein ablöschen.

Eine Kelle der warmen Tomatenbrühe dazugeben, unter Rühren bei leichter Hitze köcheln lassen, bis der Reis die Flüssigkeit aufgenommen hat. Dabei darauf achten, nur so viel Brühe hinzuzugeben, bis der Reis gerade mit Flüssigkeit bedeckt ist. Diesen Schritt so lange wiederholen, bis die Brühe aufgebraucht ist, der Reis eine cremige und schlotzige Konsistenz hat, aber die Reiskörner von innen noch bissfest sind.

Die Kirschtomaten waschen und vierteln. Das Basilikum waschen, trocken tupfen und in feine Streifen schneiden.

Beides zum gekochten Risotto geben. Die kalte Butter und den Parmesan gleichmäßig unterrühren, mit 2 Prisen Salz und dem Zucker würzen und sofort servieren.

ITALIAN ALLROUNDER
ITALIAN ALLROUNDER

PESTO MIX
JUST SPICES

Gemüse-Risotto

mit Bohnen, Erbsen & Basilikum

So oft wird gepredigt: „Eat your greens!“ Grüne Bohnen und zarte Erbsen in einem typisch italienischen Risotto machen diese Aufgabe zu einer der leichtesten Übungen. Ein Topping aus frischem Basilikum rundet das grüne Ganze perfekt ab. Und schwupp – schon sind gleich mehrere Löffel weggenascht.

4 Portionen | 45 Minuten

1 l Wasser

60 g Butter

1 Zwiebel

2 Knoblauchzehen

1 EL Olivenöl

300 g Risottoreis

100 ml Weißwein

150 g grüne Bohnen

2 Bund Basilikum

150 g Erbsen, tiefgekühlt

100 g Parmesan, gerieben

Salz

4 Pr. Just Spices Gemüsebrühe ohne Zuckerzusatz

4 Pr. Just Spices Grüner Pesto Mix

Das Wasser mit der Gemüsebrühe in einem Topf verrühren, einmal aufkochen und 5 Minuten ziehen lassen. Die Gemüsebrühe durch ein feines Sieb passieren, zurück in den Topf geben und warm halten.

50 g Butter in Stücke schneiden und bis zur Verwendung kalt stellen.

Die Zwiebel schälen, halbieren und in feine Würfel schneiden. Den Knoblauch schälen und fein hacken. Das Olivenöl in einem Topf erhitzen und die Zwiebeln und den Knoblauch 2 Minuten bei leichter Hitze glasig anschwitzen. Den Risottoreis hinzufügen, 2 Minuten mitgaren lassen und mit dem Weißwein ablöschen.

Eine Kelle der warmen Brühe dazugeben, unter Rühren bei kleiner Hitze köcheln lassen, bis der Reis die Flüssigkeit aufgenommen hat. Dabei darauf achten, nur so viel Brühe hinzuzugeben, bis der Reis gerade mit Flüssigkeit bedeckt ist. Diesen Schritt so lange wiederholen, bis die Brühe aufgebraucht ist, der Reis eine cremige und schlotzige Konsistenz hat, aber die Reiskörner von innen noch bissfest sind.

Die Bohnen waschen und die Enden abschneiden. Das Basilikum waschen, trocken tupfen und in feine Streifen schneiden.

10 g Butter in einer Pfanne bei mittlerer Hitze aufschäumen lassen, die Bohnen zur Butter geben und 5 Minuten braten. Die Erbsen hinzufügen und 2 Minuten mitbraten. Das Gemüse kurz vor Ende der Garzeit zum Risotto geben.

Die kalte Butter, den Parmesan und das Basilikum gleichmäßig unterrühren, mit 2 Prisen Salz und dem Grünen Pesto Mix würzen und sofort servieren.

Risotto ai Funghi

aromatisches Pilzrisotto

Nicht nur zur Pilzsaison ist dieses Gericht ein absolutes Wohlfühlessen: cremiges Risotto mit leckeren Pilzen. Schnapp Dir Deinen Einkaufskorb und los geht's zum Wochenmarkt! Egal ob Champignons, Kräuterseitlinge oder Austernpilze – Deine Pilzauswahl kann natürlich saisonal variieren. Getrocknete Steinpilze sorgen für ganz viel Würze und sind das ganze Jahr über verfügbar.

4 Portionen | 40 Minuten

1 l Wasser
50 g Steinpilze, getrocknet
50 g Butter
2 Schalotten
2 Knoblauchzehen
3 EL Olivenöl
300 g Risottoreis
2 EL Balsamicoessig, dunkel
2 EL Sojasoße
750 g Pilze, nach Wahl
½ Bund Petersilie, glatt
100 g Parmesan, gerieben
Salz
3 TL Just Spices Gemüsebrühe ohne Zuckerzusatz
4 Pr. Just Spices Grüner Pesto Mix

Das Wasser mit der Gemüsebrühe in einem Topf verrühren, einmal aufkochen und 5 Minuten ziehen lassen. Die Gemüsebrühe durch ein feines Sieb passieren, zurück in den Topf geben und warm halten.

Die getrockneten Steinpilze 20 Minuten in 200 ml warmen Wasser einweichen. Die Butter in Stücke schneiden und bis zur Verwendung kalt stellen.

Die Schalotten schälen, halbieren und in feine Würfel schneiden. Den Knoblauch schälen und fein hacken. In einem Topf 1 EL Olivenöl erhitzen und die Schalotten und den Knoblauch 2 Minuten bei leichter Hitze glasig anschwitzen. Den Risottoreis hinzufügen, 2 Minuten mitgaren lassen und mit dem Balsamicoessig und der Sojasoße ablöschen.

Eine Kelle der warmen Brühe dazugeben, unter Rühren bei kleiner Hitze köcheln lassen, bis der Reis die Flüssigkeit aufgenommen hat. Dabei darauf achten, nur so viel Brühe hinzuzugeben, bis der Reis gerade mit Flüssigkeit bedeckt ist. Diesen Schritt so lange wiederholen, bis die Brühe aufgebraucht ist, der Reis eine cremige und schlotzige Konsistenz hat, aber die Reiskörner von innen noch bissfest sind.

Die Pilze putzen und vierteln. In einer Pfanne 2 EL Olivenöl erhitzen und die Pilze bei starker Hitze 5 Minuten braten.

Die Steinpilze abgießen, dabei 100 ml Wasser auffangen und die Pilze fein hacken. Das aufgefangene Wasser und die gehackten Steinpilze zum Risotto geben. Die Petersilie waschen, trocken tupfen, die Blätter abzupfen und fein hacken. Die gebratenen Pilze und die Petersilie zum fertig gegarten Risotto geben. Die kalte Butter und den Parmesan gleichmäßig unterrühren, mit 2 Prisen Salz und dem Grünen Pesto Mix würzen und sofort servieren.

GRÜNER
PESTO
MIX
JUST SPICES

Risotto al Limone

grünes Zitronen-Basilikum-Risotto

Risotto al Limone schmeckt nicht nur an Frühlings- oder Sommertagen, sondern das ganze Jahr über. Die zarten Reiskörner mit einem Hauch von Zitrone und Basilikum sind ein leichter, erfrischender Hauptgang, aber auch eine leckere Beilage, zum Beispiel zu gebratenem Fisch. Unglaublich lecker und super einfach gemacht.

4 Portionen | 45 Minuten

750 ml Wasser
250 g Sahne
3 Bund Basilikum
3 EL Olivenöl
50 g Butter
1 Zitrone, Saft und Abrieb
2 Zwiebeln
1 Knoblauchzehe
300 g Risottoreis
100 g Parmesan, gerieben
Salz
3 Pr. Just Spices Gemüsebrühe ohne Zuckerzusatz
4 Pr. Just Spices Grüner Pesto Mix

Das Wasser mit der Gemüsebrühe und Sahne in einem Topf verrühren, einmal aufkochen und 5 Minuten ziehen lassen. Die Gemüsebrühe-Sahne-Mischung durch ein feines Sieb passieren, zurück in den Topf geben und warm halten.

Das Basilikum waschen, trocken tupfen und in ein hohes Gefäß geben. 2 EL Olivenöl dazugeben und mit einem Pürierstab zu einer homogenen Masse mixen.

Die Butter in Stücke schneiden, die Zitrone waschen und die Schale abreiben. Beides bis zur Verwendung kalt stellen.

Die Zitrone halbieren, auspressen und den Zitronensaft beiseitestellen. Die Zwiebeln schälen, halbieren und fein würfeln. Den Knoblauch schälen und fein hacken. In einem Topf 1 EL Olivenöl erhitzen und die Zwiebeln und den Knoblauch 3 Minuten bei leichter Hitze glasig anschwitzen. Den Risottoreis hinzufügen, 2 Minuten mitgaren lassen und mit dem Zitronensaft ablöschen.

Eine Kelle der warmen Brühe dazugeben, unter Rühren bei leichter Hitze köcheln lassen, bis der Reis die Flüssigkeit aufgenommen hat. Dabei darauf achten, nur so viel Brühe hinzuzugeben, bis der Reis gerade mit Flüssigkeit bedeckt ist. Diesen Schritt so lange wiederholen, bis die Brühe aufgebraucht ist, der Reis eine cremige und schlotzige Konsistenz hat, aber die Reiskörner von innen noch bissfest sind.

Die kalte Butter, den Abrieb der Zitrone, das Basilikumöl und den Parmesan gleichmäßig unterrühren, mit 1 Prise Salz und dem Grünen Pesto Mix würzen und sofort servieren.

Rahmpolenta

cremige Polenta mit Parmesan

Lange galt der gelbe Maisgrieß als Armeleuteessen, weil er günstig ist und satt macht. Heute finden sich in ganz Italien zahlreiche Varianten dieser beliebten Speise von cremig über kross gebraten bis hin zu Gnocchi-Variationen. Vor allem in Norditalien ist Polenta ein echtes Traditionsgericht und passt perfekt als Beilage zu Fleischragouts. Auf den folgenden Seiten warten auf Dich unsere Polenta-Kreationen.

4 Portionen | 45 Minuten

800 ml Wasser, warm
1 Knoblauchzehe
800 ml Vollmilch
50 g Butter
300 g Maisgrieß, grob
50 g Parmesan, gerieben
Salz
4 TL Just Spices Gemüsebrühe ohne Zuckerzusatz

800 ml warmes Wasser mit der Gemüsebrühe verrühren, 5 Minuten ziehen lassen und anschließend durch ein Sieb passieren. Den Knoblauch schälen und halbieren.

In einem großen Topf Milch, Butter, Knoblauch und Gemüsebrühe mit 3 Prisen Salz erhitzen und dabei umrühren. Den Knoblauch herausnehmen. Den Grieß unter Rühren einrieseln und einmal aufkochen lassen.

Den Herd auf leichte Hitze reduzieren und die Polenta bei geschlossenem Deckel 35 Minuten quellen lassen.

Den Parmesan mit einem Schneebesen unter Rühren einarbeiten und direkt servieren.

Tipp: Wenn es mal schnell gehen muss, kannst Du auch feinen Maisgrieß verwenden oder eine Instant-Polenta-Variante zubereiten.

Rahmpolenta

mit Dörrtomatensoße & Pilzen

Genau das Richtige für kühle Tage: warme Polenta mit einem herzhaften Topping aus gebratenen Pilzen, getrockneten Tomaten und Zwiebeln. Wer Pilze mag, wird diese rustikale Polenta-Variante lieben. Ein Gericht, das zum Genießen einlädt!

4 Portionen | 45 Minuten

Für die Polenta:

500 ml Milch
200 ml Sahne
400 ml Wasser
150 g Maisgrieß, grob
Salz

500 g Pilze, nach Wahl
250 g getrocknete Tomaten, in Öl
1 Zwiebel
2 Knoblauchzehen
2 EL Olivenöl
1 EL Balsamicoessig, dunkel
50 ml Wasser
1 EL Butter
50 g Parmesan, gerieben
Salz
4 Pr. Just Spices Spinat Gewürz

In einem großen Topf Milch, Sahne und Wasser erhitzen, dabei gelegentlich umrühren. Den Grieß unter Rühren einrieseln, mit 2 Prisen Salz würzen und einmal aufkochen lassen. Den Herd auf leichte Hitze reduzieren und die Polenta 35 Minuten quellen lassen. Dabei gelegentlich umrühren.

Währenddessen die Pilze putzen und in mundgerechte Stücke schneiden. Die getrockneten Tomaten aus dem Öl nehmen und in ca. 0,2 cm dünne Streifen schneiden. Die Zwiebel schälen, halbieren und ebenfalls in ca. 0,2 cm dünne Streifen schneiden. Den Knoblauch schälen und fein hacken.

Das Olivenöl in einer großen Pfanne erhitzen und die Pilze bei starker Hitze 5 Minuten anbraten. Den Knoblauch, die Zwiebel und die Tomaten hinzufügen und 5 Minuten mitbraten. Mit Balsamicoessig und Wasser ablöschen, 2 Minuten bei leichter Hitze köcheln lassen und mit 3 Prisen Salz würzen. Kurz vor Ende der Garzeit die Butter unter Rühren dazugeben, mit dem Spinat Gewürz und 1 Prise Salz würzen.

Den Parmesan vor dem Servieren mit einem Schneebesen in die warme Polenta rühren und auf Tellern verteilen. Mit den Pilzen und Tomaten garnieren und direkt servieren.

Bologneſe Bianca

mit gebratenen Polentaschnitten

Wer ein Fan der klassischen Bolognese ist, wird auch diese Variante lieben. Die würzige Bolognese Bianca, die „weiße" Bolognese, verdankt ihren Namen unter anderem ihren hellen Zutaten: Sahne, Ricotta und Weißwein. Perfekt dazu passt unsere heiß geliebte und vielfältige Polenta – diesmal in Form von knusprigen Schnitten, die in der Pfanne goldbraun gebraten werden.

4 Portionen

45 Minuten Zubereitung | 2 Stunden Kühlzeit

Für die Polentaschnitten:

250 ml Milch
400 ml Wasser
120 g Maisgrieß, grob
1 EL Butter
50 g Parmesan, gerieben
2 EL Olivenöl
4 Pr. Just Spices Roter Pesto Mix

Für die Bolognese:

1 Karotte
1 Stange Staudensellerie
2 Zwiebeln
2 Knoblauchzehen
1 EL Steinpilze, getrocknet
50 ml Wasser
1 EL Olivenöl
350 g Rinderhackfleisch
150 ml Weißwein
250 ml Sahne
200 g Ricotta
1 Bund Schnittlauch
Salz, Pfeffer

In einem großen Topf die Milch und das Wasser zum Kochen bringen. Den Grieß unter Rühren einrieseln und einmal aufkochen lassen. Den Herd auf leichte Hitze reduzieren und die Polenta unter Rühren 30 Minuten quellen lassen. Die Butter und den Parmesan einrühren und mit 1 Prise Salz und dem Roten Pesto Mix würzen. Die Polenta in eine mit 1 EL Olivenöl eingefettete Kuchenform oder in ein kleines Backblech füllen, ca. 1,5 cm hoch, und mindestens 2 Stunden kalt stellen.

Für die Bolognese die Karotte schälen und in ca. 0,5 x 0,5 cm kleine Würfel schneiden. Den Staudensellerie waschen, von den Fasern befreien und ebenfalls in ca. 0,5 x 0,5 cm kleine Würfel schneiden. Die Zwiebel schälen, halbieren und fein würfeln. Den Knoblauch schälen und fein hacken. Die getrockneten Steinpilze 10 Minuten in 50 ml kaltem Wasser einweichen.

1 EL Olivenöl in einer Pfanne erhitzen und das Gemüse bei mittlerer Hitze 5 Minuten anbraten. Das Hackfleisch in die Pfanne geben und 10 Minuten bei mittlerer Hitze braun und krümelig braten. Mit dem Weißwein ablöschen und 2 Minuten einkochen lassen. Die Steinpilze aus dem Wasser nehmen, fein hacken und zusammen mit dem Wasser in die Pfanne geben. Die Sahne hinzufügen und 25 Minuten bei mittlerer Hitze einköcheln lassen. Kurz vor Ende der Garzeit mit 2 Prisen Salz und 2 Prisen Pfeffer würzen und den Ricotta dazugeben. Den Schnittlauch waschen, in feine Röllchen schneiden und dazugeben.

Die Polenta aus der Form nehmen und in ca. 4 x 4 cm große Quadrate schneiden. In einer Pfanne 1 EL Olivenöl erhitzen und die Polentaschnitten 5 Minuten bei mittlerer Hitze auf jeder Seite goldbraun braten. Die Polentaschnitten auf Tellern verteilen und zusammen mit der Bolognese servieren.

Polenta-Spinat-Gnocchi

mit aromatischen Tomaten

Etwas Fingerspitzengefühl brauchst Du für diese traditionell italienischen Spinatnockerl, doch mit etwas Übung bekommst Du die perfekte Form der leckeren Gnocchis im Handumdrehen hin. Dafür tauchst Du einfach zwei Esslöffel kurz in kaltes Wasser, bewegst den Teig zwischen den Löffeln hin und her und erhältst dadurch die besondere ovale Form.

4 Portionen

50 Minuten Zubereitung | 30 Minuten Ziehzeit

Für die Gnocchi:

350 ml Wasser

100 g Maisgrieß, grob

375 g junger Blattspinat

1 Ei

60 g Mehl

50 g Parmesan, gerieben

Salz, Pfeffer

5 Pr. Just Spices Spinat Gewürz

150 g Kirschtomaten

2 Knoblauchzehen

150 g getrocknete Tomaten, in Öl

1 EL Olivenöl

50 g Parmesan, gerieben

Salz

4 Pr. Just Spices Spinat Gewürz

In einem großen Topf das Wasser mit 2 Prisen Salz und 2 Prisen Pfeffer zum Kochen bringen. Den Grieß unter Rühren einrieseln und einmal aufkochen lassen. Den Herd auf leichte Hitze reduzieren und die Polenta bei geschlossenem Deckel 30 Minuten quellen lassen, dabei gelegentlich umrühren. Den Spinat waschen und gründlich trocken schleudern. Anschließend 250 g Spinat in einem hohen Gefäß mit einem Pürierstab zu einer homogenen Masse mixen.

Die Polenta aus dem Topf in eine Schüssel geben und 15 Minuten beiseitestellen. Ei, Mehl und Parmesan mit der Polenta verrühren, den pürierten Spinat dazugeben, mit 5 Prisen Spinat Gewürz würzen, gründlich vermischen und 15 Minuten ziehen lassen. Die Kirschtomaten waschen und halbieren. Den Knoblauch schälen und halbieren. Die getrockneten Tomaten aus dem Öl nehmen.

In einem Topf reichlich Salzwasser zum Kochen bringen. Den Herd auf leichte Hitze reduzieren. Mit 2 befeuchteten Esslöffeln aus der Polentamasse ovale Klöße formen und sofort in das heiße Wasser geben. Bei leichter Hitze im siedenden Wasser 6 Minuten ziehen lassen

Währenddessen das Olivenöl in einer Pfanne erhitzen, die Kirschtomaten, die getrockneten Tomaten und den Knoblauch bei mittlerer Hitze 2 Minuten anbraten. Den restlichen Spinat dazugeben und 1 Minute mitbraten. Mit 2 Prisen Salz und 4 Prisen Spinat Gewürz würzen. Die Spinat-Gnocchi vorsichtig aus dem Wasser nehmen, 1 Minute auf einem Küchenpapier abtrocknen lassen, auf Tellern verteilen und mit den Tomaten und dem Parmesan servieren.

Beilagen

Verdure al Forno

mediterranes Ofengemüse

Resteverwertung all' italiano: Gemüse klein schneiden, marinieren und ab in den Ofen. Schnell und unkompliziert zauberst Du mit buntem Gemüse eine Portion Ofenglück. Natürlich kannst Du auch andere Gemüsesorten miteinander kombinieren: zum Beispiel Auberginen, Karotten oder Champignons.

4 Portionen

15 Minuten Zubereitung | 25 Minuten Backen

1 Paprika, rot
1 Paprika, gelb
2 Zucchini
1 Fenchelknolle
3 Zwiebeln, rot
3 Knoblauchzehen
4 EL Olivenöl
Salz, Pfeffer
6 Pr. Just Spices Mediterraner Gemüse Allrounder

Den Backofen auf 200 °C (Umluft) vorheizen.

Die Paprika waschen, halbieren, entkernen, mit einem Messer die weißen Fasern entfernen und in ca. 4 x 4 cm große Würfel schneiden. Die Zucchini waschen, beide Enden abschneiden, längs vierteln, das Kerngehäuse schräg herausschneiden und in ca. 2 cm breite Stücke schneiden. Den Fenchel waschen, längs vierteln, den Strunk herausschneiden und ebenfalls in ca. 2 cm breite Stücke schneiden. Die Zwiebeln schälen und achteln. Die Knoblauchzehen schälen und vierteln.

Das geschnittene Gemüse in einer großen Schüssel mit dem Olivenöl, 4 Prisen Gemüse Allrounder, 1 Prise Salz und 1 Prise Pfeffer marinieren. Das Gemüse auf einem mit Backpapier ausgelegten Backblech verteilen und 20–25 Minuten im vorgeheizten Ofen backen lassen.

Das gegarte Gemüse herausnehmen, mit 2 Prisen Gemüse Allrounder würzen und sofort servieren.

Tipp: Das Gericht schmeckt lecker als leichtes sommerliches Abendessen oder als Beilage zu frischem Lachsfilet. Du kannst das Ofengemüse aber auch kalt als Teil eines bunten Antipasti-Abends servieren – und es ist so bequem vorzubereiten.

MEDITERRANER
GEMÜSE
ALLROUNDER

Fagioli Cannellini

weiße Bohnen in Tomaten-Salbei-Soße

Du fragst Dich bestimmt gerade, welche Nudelsorte sich hinter Cannellini versteckt? Wir verraten es Dir: Keine! Cannellini sind kleine weiße Bohnen aus Italien. Dort gelten sie als Spezialität und kommen hauptsächlich in der Toskana, in Umbrien und im Piemont vor. Dort werden die leicht nussig schmeckenden Hülsenfrüchte zur Zubereitung von Bohnensalaten, Eintöpfen oder der klassischen Minestrone verwendet.

30

4 Portionen | 20 Minuten

1 Zwiebel, rot
1 Knoblauchzehe
1 EL Olivenöl
1 EL Balsamicoessig, dunkel
1 Dose stückige Tomaten, à 400 g
200 ml Wasser
1 Dose weiße Bohnen, à 250 g
1 Bund Salbei
1 Pr. Zucker
Salz
5 Pr. Just Spices Tomatensoße Gewürz

Die Zwiebel schälen, halbieren und fein würfeln. Den Knoblauch schälen und fein hacken.

Das Olivenöl in einem Topf erhitzen und die Zwiebel mit dem Knoblauch 3 Minuten bei mittlerer Hitze braten. Das Tomatensoße Gewürz hinzufügen und 2 Minuten mitbraten.

Mit dem Balsamicoessig ablöschen, die stückigen Tomaten, das Wasser und die weißen Bohnen mit dem Saft hinzufügen und 10 Minuten köcheln lassen.

Den Salbei waschen, trocken tupfen, fein schneiden und zu dem Eintopf geben. Mit je 1 Prise Salz und Zucker würzen und sofort servieren.

Tipp: Diese Beilage schmeckt am nächsten Tag nach dem zweiten Erwärmen doppelt so gut. Nur der Salbei darf nicht zu lange mitkochen, da er sonst einen seifigen und bitteren Geschmack abgibt.

Caponata

aromatisches Gemüse in Tomatensoße

Das schmeckt nach Meer! Dieses sizilianische Antipasti-Gericht befördert Dich direkt auf die italienische Mittelmeerinsel. Aber nicht nur dort wird die aromatische Caponata serviert. In ganz Italien genießt man Caponata als kalte Vorspeise auf geröstetem Ciabatta oder als warmen Hauptgang zu Pasta, Fleisch und Fisch.

4 Portionen

20 Minuten Zubereitung | 60 Minuten Backen

1 Aubergine
1 Zucchini
2 Zwiebeln, rot
2 Stangen Staudensellerie
2 Knoblauchzehen
2 EL Olivenöl
1 EL Tomatenmark
1 kg Rispentomaten
1 EL Kapern
Salz, Pfeffer
6 Pr. Just Spices Mediterraner Gemüse Allrounder

Die Aubergine waschen, beide Enden abschneiden, quer dritteln und in ca. 2 x 2 cm große Würfel schneiden. Die Zucchini waschen, beide Enden abschneiden, längs vierteln, das Kerngehäuse schräg herausschneiden und in ca. 2 x 2 cm große Würfel schneiden. Die Zwiebeln schälen, halbieren und in grobe Würfel schneiden.
Den Staudensellerie von den Fasern befreien und in ca. 2 cm breite Scheiben schneiden. Den Knoblauch schälen und fein hacken.

In einer ofenfesten Pfanne das Olivenöl erhitzen, das geschnittene Gemüse hinzugeben und 5 Minuten bei mittlerer Hitze braten. Das Tomatenmark in die Pfanne geben und 2 Minuten mitbraten.

Den Backofen auf 180 °C (Umluft) vorheizen.

Die Tomaten waschen und in grobe Stücke schneiden. Die Tomaten und Kapern in die Pfanne geben und 3 Minuten mitbraten. Mit dem Mediterranen Gemüse Allrounder, 4 Prisen Salz und 1 Prise Pfeffer würzen.

Die Pfanne mit dem Gemüse in den Ofen stellen, 60 Minuten garen und gelegentlich umrühren.

Tipp: Falls Du keine ofenfeste Pfanne hast, kannst Du das Gemüse auch in einer großen Auflaufform garen.

Patata al Forno

Rosmarinkartoffeln aus dem Ofen

Wir lieben Rosmarin: Das aromatische Würzkraut von den Küsten des Mittelmeers füllt jeden Raum in Windeseile mit dem Duft der mediterranen Küche. Besonders gut kommt das edle Kraut in einer Ölmarinade zur Geltung. Unsere kleinen, marinierten Rosmarinkartoffeln aus dem Ofen sind wunderbar schnell zubereitet und peppen als würzige Beilage so ziemlich jedes Gericht auf.

4 Portionen

10 Minuten Zubereitung | 30 Minuten Backen

1 kg Drillinge

1 Bund Rosmarin

3 Knoblauchzehen

50 ml Olivenöl

Salz

3 Pr. Just Spices Italian Allrounder

Den Backofen auf 170 °C (Umluft) vorheizen.

Die Drillinge waschen, trocknen, längs halbieren und in eine große Schüssel geben. Den Rosmarin waschen, trocken tupfen und von den Stängeln zupfen. Den Knoblauch schälen und fein hacken. Den Rosmarin und den Knoblauch zu den Kartoffeln geben. Mit dem Olivenöl, dem Italian Allrounder und 2 Prisen Salz marinieren.

Die Kartoffeln mit der Schnittfläche nach oben auf ein mit Backpapier ausgelegtes Backblech legen und mit 1 Prise Salz würzen.

Die Kartoffeln 30 Minuten im vorgeheizten Ofen backen, herausnehmen und heiß servieren.

Tipp: Das Rezept schmeckt auch sehr gut, wenn Du es mit Süßkartoffeln oder Thymian zubereitest.

Fagiolini alla Genovese

grüne Bohnen mit Kartoffeln und Pesto

Unser Grüner Pesto Mix basiert auf der Idee des klassischen Genueser Pestogerichts „Pesto alla Genovese". Angerührt in Öl und Wasser entsteht mit unserem Mix in kurzer Zeit die perfekte Basis für leckere Pestospeisen. Besonders toll schmeckt der Grüne Pesto Mix auch mit Bohnen und Kartoffeln – ein traditionelles Rezept nach ligurischer Art.

4 Portionen | 25 Minuten

400 g Kartoffeln, festkochend

3 EL Olivenöl

400 g grüne Bohnen

2 Bund Basilikum

50 g Parmesan, gerieben

Salz, Pfeffer

4 Pr. Just Spices Grüner Pesto Mix

Die Kartoffeln schälen und in ca. 2 x 2 cm große Würfel schneiden. Das Olivenöl in einer Pfanne erhitzen und die Kartoffeln 15 Minuten bei mittlerer Hitze braten.

In einem Topf reichlich Salzwasser zum Kochen bringen. Die Enden der Bohnen abschneiden, 1 Minute im Wasser garen, mit einer Kelle herausnehmen, zu den Kartoffeln in die Pfanne geben und 3 Minuten bei mittlerer Hitze mitbraten.

Das Basilikum waschen, trocken tupfen, abzupfen und in feine Streifen schneiden. Die Kartoffeln und Bohnen mit dem Grünen Pesto Mix, 3 Prisen Salz und 1 Prise Pfeffer würzen. Den Parmesan und das Basilikum dazugeben und sofort servieren.

GRÜNER
PESTO
MIX
JUST SPICES

Parmigiana di Melanzane

italienischer Auberginen-Auflauf

Für Parmigiana di Melanzane gibt es verschiedene traditionelle Rezepte, denn mehrere italienische Regionen beanspruchen den Ursprung des Gerichts für sich. Zwei Zutaten, die Du auf jeden Fall benötigst: Aubergine und Käse. Wir haben eine Variation mit würzigem Gorgonzola ausprobiert. Der intensive Geruch des Gorgonzolas verschwindet beim Backen, aber die Käsekruste schmeckt unglaublich würzig.

4 Portionen

20 Minuten Zubereitung | 10 Minuten Ziehzeit | 45 Minuten Backen

500 g Kirschtomaten
2 Zwiebeln, rot
4 Knoblauchzehen
1 EL Olivenöl
2 EL Balsamicoessig, dunkel
2 Auberginen
80 g Butter
100 g Gorgonzola
4 Scheiben Toastbrot
1 Bund Petersilie, glatt
100 g Paniermehl
1 Ei
Salz
6 Pr. Just Spices Balsamico Dressing Mix

Die Kirschtomaten waschen. Die Zwiebeln schälen, halbieren und fein würfeln. Den Knoblauch schälen, 2 Knoblauchzehen fein hacken und 2 Knoblauchzehen in dünne Scheiben schneiden.

Das Olivenöl in einer Pfanne erhitzen und den gehackten Knoblauch und die Zwiebeln 5 Minuten bei mittlerer Hitze anbraten. Die Tomaten dazugeben und 5 Minuten mitbraten. Mit dem Balsamicoessig ablöschen, mit 4 Prisen Balsamico Dressing Mix und 2 Prisen Salz würzen, 5 Minuten köcheln lassen und beiseitestellen.

Die Auberginen waschen, die Enden abschneiden und der Länge nach halbieren. Mit einem Messer kreuzweise das Fruchtfleisch einritzen. Dieflachen Seiten mit insgesamt 6 Prisen Salz einreiben, 10 Minuten ziehen lassen, mit Wasser abspülen und trocken tupfen. Die Butter in einer zweiten Pfanne bei mittlerer Hitze aufschäumen lassen und die Knoblauchscheiben 5 Minuten goldbraun rösten.

Den Gorgonzola in kleine Stücke teilen. Das Toastbrot entrinden und in feine Würfel schneiden. Die Petersilie waschen, trocken tupfen, zupfen und fein hacken.
Das Paniermehl in eine Schüssel geben und mit der Hälfte des Gorgonzolas, der Petersilie und dem Toastbrot vermischen. Die Knoblauchbutter und das Ei ebenfalls dazugeben, gründlich vermischen und mit 2 Prisen Salz und 2 Prisen Balsamico Dressing Mix würzen. Den Backofen auf 160 °C (Umluft) vorheizen.

Die Tomatensoße in eine ofenfeste Form geben und die Auberginen darauflegen. Die Gorgonzola-Toastbrot-Mischung über den Auberginen verteilen. Den restlichen Gorgonzola darüberstreuen und 45 Minuten im Ofen backen.

Parmigiana di Zucchine

italienischer Zucchini-Auflauf

Ob gebraten, aus dem Ofen oder als Zoodle-Variante zu Pasta – die Zucchini lässt sich vielseitig zubereiten. Angerichtet mit Tomatenscheiben in einer runden Auflaufform wirkt die Beilage gleich wie eine kunstvolle Zugabe auf der reich gedeckten Tafel. Zwischen Saltimbocca, frischem Lachs, Spaghetti und Hackbällchen kann sich unser grünes Lieblingsgemüse auf jeden Fall sehen lassen.

4 Portionen

15 Minuten Zubereitung | 10 Minuten Ziehzeit | 25 Minuten Backen

2 Zucchini
2 Fleischtomaten
2 Knoblauchzehen
3 EL Olivenöl
100 g Parmesan, gerieben
Salz, Pfeffer
5 Pr. Just Spices Grüner Pesto Mix

Die Zucchini waschen, die Enden abschneiden, in ca. 1 cm breite Scheiben schneiden, in ein Sieb geben und mit 1 EL Salz vermischen. 10 Minuten ziehen lassen, abbrausen und trocken tupfen.

Die Fleischtomaten waschen, vom Strunk befreien und in ca. 1 cm breite Scheiben schneiden. Den Knoblauch schälen und fein hacken. Das Olivenöl mit dem Grünen Pesto Mix, dem Knoblauch und 2 Prisen Pfeffer vermischen.

Den Backofen auf 200 °C (Umluft) vorheizen.

Die Zucchini- und Tomatenscheiben abwechselnd in einer runden Auflaufform kreisförmig schichten. Das grüne Pesto darüberträufeln und 25 Minuten im Ofen garen. 5 Minuten vor Ende der Backzeit den geriebenen Parmesan auf dem Auflauf verteilen.

Aus dem Backofen nehmen, 5 Minuten abkühlen lassen und servieren.

PESTO
MIX
JUST
SPICES

Suppen & Eintöpfe

Ribollita

toskanische Gemüsesuppe mit Speck

Dieser toskanische Gemüseeintopf wird traditionell mit übrig gebliebenem Brot vom Vortag zubereitet. Das italienische Wort „ribollire" steht für „wieder kochen" oder „aufwärmen". So entstand auch der Name Ribollita, denn am nächsten Tag schmeckt der Eintopf fast doppelt so gut. Die perfekte Hausmannskost für einen kalten Tag: so einfach und so köstlich!

4 Portionen

45 Minuten Zubereitung | 10 Minuten Backen

1 Zwiebel

3 Knoblauchzehen

2 Karotten

2 Kartoffeln, festkochend

1 Fenchelknolle

½ Spitzkohl

200 g Speck

1 EL Olivenöl

50 ml Weißwein

1 Dose geschälte Tomaten, à 400 g

400 ml Geflügelbrühe

200 ml Wasser

1 Dose weiße Bohnen, à 300 g

1 Ciabatta

75 g Parmesan, gerieben

Salz, Pfeffer

5 Pr. Just Spices Tomatensoße Gewürz

Die Zwiebel schälen, halbieren und grob würfeln, den Knoblauch schälen und fein hacken. Die Karotten und Kartoffeln schälen und in ca. 2 x 2 cm große Würfel schneiden. Den Fenchel waschen, längs vierteln, den Strunk herausschneiden und in ca. 2 cm breite Streifen schneiden. Den Spitzkohl waschen, halbieren, vom Strunk befreien und in ca. 3 cm breite Streifen schneiden. Den Speck in ca. 2 x 2 cm große Würfel schneiden.

Den Backofen auf 200 °C (Umluft) vorheizen.

Das Olivenöl in einem großen Topf erhitzen und den Speck 5 Minuten bei mittlerer Hitze braten. Zwiebel, Karotten, Kartoffeln, Knoblauch und Fenchel hinzufügen und weitere 5 Minuten braten. Den Spitzkohl dazugeben, mit dem Weißwein und den geschälten Tomaten ablöschen. Mit dem Tomatensoße Gewürz, 3 Prisen Salz und 3 Prisen Pfeffer würzen und bei starker Hitze 5 Minuten köcheln lassen. Die Brühe und das Wasser dazugeben und bei mittlerer Hitze 30 Minuten köcheln lassen.

Die Bohnen abgießen, ein Viertel der Bohnen mit dem Pürierstab mixen und mit den restlichen Bohnen in den Topf geben. Die Ribollita weitere 5 Minuten köcheln lassen.

Das Ciabatta in 8 Scheiben schneiden, mit dem Parmesan bestreuen, auf ein mit Backpapier ausgelegtes Backblech legen, 10 Minuten im Ofen backen und herausnehmen. Jeweils 2 Ciabattascheiben in einen tiefen Teller legen, die Ribollita darüber verteilen und sofort servieren.

Tipp: Noch authentischer wird die Ribollita, wenn Du unser selbst gemachtes Ciabatta von Seite 22 ausprobierst.

Cremige Erbsensuppe

mit Minze & knusprigem Pancetta

Beim Anblick dieser leckeren Suppe werden Deine Kollegen in der Mittagspause bestimmt grün vor Neid. Zu Recht! Die grünen Erbsen sorgen für ein sämiges Löffelvergnügen. Für den Knusperkick schwimmen krosse Pancettawürfel in der minzigfrischen Suppe und machen Deine Pause perfekt.

4 Portionen | 25 Minuten

400 g Erbsen, tiefgekühlt
150 g Pancetta
1 Zwiebel
1 Knoblauchzehe
2 EL Olivenöl
1 EL Balsamicoessig, hell
400 ml Geflügelbrühe
1 Bund Minze
250 g Sahne
300 ml Vollmilch
Salz
3 Pr. Just Spices Carbonara Gewürz

Die Erbsen aus der Kühltruhe nehmen und in einer Schüssel bis zur weiteren Verwendung zur Seite stellen. 100 g Pancetta grob würfeln und den Rest fein würfeln. Die Zwiebel und den Knoblauch schälen und halbieren. In einem Topf 1 EL Olivenöl erhitzen und die groben Pancettawürfel, die Zwiebel und den Knoblauch bei mittlerer Hitze 5 Minuten glasig anschwitzen. Mit dem Balsamicoessig ablöschen, die Geflügelbrühe dazugeben und 10 Minuten bei leichter Hitze köcheln lassen.

In einer Pfanne 1 EL Olivenöl erhitzen, die feinen Pancettawürfel 5 Minuten bei mittlerer Hitze knusprig braten und beiseitestellen.

Die Minze waschen, trocken tupfen, abzupfen und mit den Erbsen, der Sahne und der Milch in den Topf geben. Mit einem Pürierstab 3 Minuten fein mixen und mit 2 Prisen Salz und dem Carbonara Gewürz würzen.

Die Suppe in Schüsseln verteilen und mit den feinen Pancettawürfeln servieren.

Pappa al Pomodoro

fruchtige Tomatensuppe

Im Sommer schmecken Tomaten besonders aromatisch und intensiv. Mit sonnenverwöhnten Rispentomaten aus Süditalien und frisch geernteten Kirschtomaten, am besten aus dem eigenen Garten, zauberst Du das perfekte Süppchen. Je nach Saison schmecken die Tomaten unterschiedlich. Im Sommer benötigst Du für unser Rezept weniger Zucker, da die Tomaten genug Süße haben.

4 Portionen | 35 Minuten

Für die Suppe:

500 g Rispentomaten
400 g Kirschtomaten
3 Zwiebeln, rot
3 Knoblauchzehen
1 EL Olivenöl
2 Pr. Zucker
1 Dose geschälte Kirschtomaten, à 400 g
1 EL Balsamicoessig, dunkel
2 Bund Basilikum
Salz
5 Pr. Just Spices Italian Allrounder

Für die Croûtons:

5 Scheiben Toastbrot
2 EL Olivenöl
1 Pr. Just Spices Italian Allrounder

Die Tomaten waschen und halbieren. Die Zwiebeln schälen und grob würfeln. Den Knoblauch schälen und halbieren. In einem großen Topf 1 EL Olivenöl erhitzen und die Zwiebeln und den Knoblauch bei mittlerer Hitze 3 Minuten braten. Den Zucker und 5 Prisen Italian Allrounder dazugeben und 2 Minuten mitbraten. Die halbierten Tomaten dazugeben, bei starker Hitze 3 Minuten braten und mit den geschälten Kirschtomaten und dem Balsamicoessig ablöschen. Bei leichter Hitze 25 Minuten köcheln lassen.

Das Toastbrot entrinden und in ca. 0,5 x 0,5 cm große Würfel schneiden. In einer Pfanne 2 EL Olivenöl erhitzen und das Toastbrot bei mittlerer Hitze 5 Minuten knusprig rösten. Mit 1 Prise Italian Allrounder würzen und beiseitestellen.

Das Basilikum waschen, trocken tupfen und kurz vor Ende der Kochzeit in die Tomatensuppe geben. Die Suppe mit einem Pürierstab fein mixen und mit 2 Prisen Salz würzen.

Die Suppe in Schüsseln verteilen, die Croûtons darüberstreuen und servieren.

GRÜNER
PESTO
MIX
JUST SPICES

Parmesansuppe

mit knusprigem Parmesanbrot

Oh Parmigiano! Wer sich öfter beim Naschen der krossen Parmesankruste von der Lasagne oder beim Knabbern der Parmesanhobel von der Pizza ertappt, sollte unbedingt dieses Rezept ausprobieren. Denn der beliebte italienische Hartkäse ist nicht nur für Pasta und Pizza geeignet. In einem sahnigen Süppchen mit knusprigem Parmesanbrot wird unser liebster Käse zum Gaumenschmaus.

4 Portionen | 25 Minuten

Für die Suppe:

50 g Butter
30 g Mehl
250 g Sahne
250 ml Vollmilch
500 ml Wasser
100 g Parmesan, gerieben
Salz
2 Pr. Just Spices Gemüsebrühe ohne Zuckerzusatz
2 Pr. Just Spices Grüner Pesto Mix

Für das Parmesanbrot:

100 g Parmesan, gerieben
1 Ei
1 EL Vollmilch
1 EL Mehl
1 TL Backpulver
2 Scheiben Toastbrot
2 EL Olivenöl
2 Pr. Just Spices Grüner Pesto Mix

Für die Suppe die Butter in einem Topf zum Schmelzen bringen. Das Mehl einrühren und bei leichter Hitze 2 Minuten anschwitzen. Die Sahne, die Milch und das Wasser dazugeben, unter Rühren langsam zum Kochen bringen und 5 Minuten köcheln lassen. Mit der Gemüsebrühe, 1 Prise Salz und dem Grünen Pesto Mix würzen. Den Parmesan unterrühren und die Suppe mit einem Pürierstab 3 Minuten zu einer homogenen Masse mixen. Die Suppe bei leichter Hitze warm halten.

Für das Parmesanbrot den geriebenen Parmesan, das Ei und die Milch verrühren. Das Mehl und das Backpulver durch ein Sieb dazugeben. Mit dem Grünen Pesto Mix würzen, gründlich vermengen und auf den Oberseiten der Toastbrotscheiben gleichmäßig verteilen.

Das Olivenöl in einer Pfanne erhitzen und das Toastbrot auf der bestrichenen Seite bei mittlerer Hitze 2 Minuten braten. Umdrehen und von der anderen Seite nochmals 3 Minuten braten, herausnehmen, auf einem Küchenpapier auskühlen lassen und halbieren.

Kurz vor dem Servieren die Suppe mit einem Pürierstab erneut aufschäumen und mit dem Parmesanbrot servieren.

Minestrone

italienische Bohnensuppe mit Gemüse

Minestrone zählt zu den ältesten Gerichten der italienischen Küche und wird oft als erster Gang serviert, ist aber auch die perfekte Hauptspeise. Conchigliette, kleine, muschelförmige Nudeln, Bohnen und das bunte Gemüse machen satt und zufrieden für den Rest des Tages.

4 Portionen | 30 Minuten

800 ml Wasser

1 Dose stückige Tomaten, à 400 g

1 Dose weiße Bohnen, à 350 g

4 Karotten

½ Zucchini

150 g Kirschtomaten

150 g grüne Bohnen

100 g Staudensellerie

1 Zwiebel

1 EL Olivenöl

50 g Conchigliette

Salz, Pfeffer

3 TL Just Spices Gemüsebrühe ohne Zuckerzusatz

5 Pr. Just Spices Mediterraner Gemüse Allrounder

Das Wasser zusammen mit den stückigen Tomaten in ein hohes Gefäß geben und mit der Gemüsebrühe würzen.

Die weißen Bohnen durch ein Sieb abgießen. Die Karotten schälen, halbieren und in ca. 0,5 cm breite Scheiben schneiden. Die Zucchini waschen, beide Enden abschneiden, längs vierteln, das Kerngehäuse schräg herausschneiden und in ca. 1 cm dicke Scheiben schneiden. Die Kirschtomaten waschen und vierteln. Die Enden der grünen Bohnen abschneiden und in ca. 3 cm lange Stücke schneiden. Den Staudensellerie von den Fasern befreien und in ca. 0,5 cm breite Scheiben schneiden. Die Zwiebel schälen, halbieren und in kleine Würfel schneiden.

Das Öl in einem Topf erhitzen. Die geschnittene Zwiebel, die Karotten- und Staudenselleriescheiben 3 Minuten bei mittlerer Hitze anschwitzen. Mit dem Mediterranen Gemüse Allrounder würzen, die angerührte Brühe hinzugeben, aufkochen lassen und 2 Prisen Salz und 1 Prise Pfeffer dazugeben.

Die Nudeln hinzufügen und 5 Minuten bei mittlerer Hitze mitköcheln lassen. Die geschnittene Zucchini und die geschnittenen grünen Bohnen hinzufügen und weitere 5 Minuten bei leichter Hitze köcheln lassen. Die geviertelten Kirschtomaten und die weißen Bohnen dazugeben, 1 Minute mitkochen und sofort servieren.

Tipp: Für ein besonders würziges Aroma kannst Du einfach ein Stück Parmesanrinde mitkochen.

GEMÜSEBRÜHE
OHNE
ZUCKERZUSATZ
JUST SPICES

CARBONARA
GEWÜRZ

Kichererbseneintopf

mit Kartoffeln & Maronen

Bei diesem Eintopf wird Dir ganz schnell warm ums Herz. Besonderes Highlight: Frische Maronen sorgen neben den Kichererbsen für nussiges Aroma! Das ganze Jahr über findest Du Maronen schon fertig geschält, gegart und vakuumiert in der Gemüseabteilung Deines Supermarkts. Während der kalten Jahreszeit kannst Du sie auch frisch ergattern. Dann musst Du sie allerdings noch vorkochen.

4 Portionen

10 Minuten Zubereitung | 40 Minuten Kochen

200 g Kartoffeln, festkochend
1 Zwiebel
2 Knoblauchzehen
2 Rispentomaten
300 g Maronen, gekocht, geschält
1 Bund Petersilie
½ Bund Thymian
3 Dosen Kichererbsen, à 400 g
1 EL Olivenöl
500 ml Wasser
1 Dose passierte Tomaten, à 400 g
50 g Parmesan, gerieben
Salz, Pfeffer
5 Pr. Just Spices Carbonara Gewürz

Die Kartoffeln schälen und in ca. 2 x 2 cm große Würfel schneiden. Die Zwiebel schälen, halbieren und in feine Würfel schneiden. Den Knoblauch schälen und fein hacken. Die Rispentomaten waschen und in grobe Stücke schneiden. Die Maronen ebenfalls in grobe Stücke schneiden. Die Petersilie und den Thymian waschen, trocken tupfen und fein hacken. Die Kichererbsen durch ein Sieb abgießen, abbrausen und abtropfen lassen.

Das Olivenöl in einem großen Topf erhitzen und Knoblauch, Zwiebel- und Kartoffelwürfel 5 Minuten bei mittlerer Hitze anbraten. Die Rispentomaten und die Maronen dazugeben und mit dem Wasser und den passierten Tomaten ablöschen. Die Kichererbsen hinzufügen und 40 Minuten bei leichter Hitze köcheln lassen. Dabei gelegentlich umrühren.

Kurz vor Ende der Garzeit die Petersilie, den Thymian und den Parmesan zum Eintopf geben und mit dem Carbonara Gewürz, 2 Prisen Salz und 2 Prisen Pfeffer würzen.

Fleisch & Fisch

Saltimbocca alla Milanese

Kalbsschnitzel mit Parmaschinken & Salbei

Das originale Saltimbocca-Rezept der römischen Küche darf natürlich nicht in unserem Kochbuch fehlen. Umhüllt mit Parmaschinken und Salbei kann sich der Geschmack des zarten Kalbsschnitzels besonders aromatisch entwickeln. Als Alternative zum Kalbfleisch kannst Du auch Hähnchen verwenden.

30

4 Portionen | 25 Minuten

16 Blätter Salbei
8 Scheiben Parmaschinken
8 Kalbsschnitzel, à 80 g
1 EL Olivenöl
50 ml Weißwein
1 TL Balsamicoessig, dunkel
100 ml Wasser
20 g Butter, kalt
Salz
8 Pr. Just Spices Meat Allrounder

Die Salbeiblätter waschen, trocken tupfen und beiseitelegen.

Den Parmaschinken auf einem Brett auslegen und mit jeweils 1 Blatt Salbei belegen. Je ein Kalbsschnitzel darauflegen und mit jeweils 1 Prise Meat Allrounder würzen. Jedes Schnitzel mit einem weiteren Salbeiblatt belegen. Die Schnitzel aufrollen, sodass sie mit dem Parmaschinken komplett umwickelt sind und jeweils mit einem Zahnstocher oder Spieß fixieren.

Das Olivenöl in einer Pfanne erhitzen und die Kalbsschnitzel bei starker Hitze 2 Minuten von jeder Seite anbraten. Mit Weißwein und Balsamicoessig ablöschen. Mit Wasser auffüllen und 2 Minuten bei leichter Hitze köcheln lassen. Die Kalbsschnitzel herausnehmen und auf einem Teller anrichten.

Für die Soße die Flüssigkeit in der Pfanne bei starker Hitze um die Hälfte einkochen lassen, vom Herd nehmen und die kalte Butter einrühren. Den entstandenen Bratenfond mit 1 Prise Salz würzen, über das Fleisch gießen und sofort servieren.

Hähnchenkeulen al Forno

in würziger Tomatensoße

Italienisches Wohlfühlessen aus dem Ofen – dieses Gericht ist nicht nur lecker, sondern auch praktisch. Während die Hähnchenkeulen im Ofen garen und der Duft von Olivenöl, fruchtiger Tomatensoße und aromatischen Oliven in der Küche schwebt, kannst Du Dich in Ruhe um die Beilage oder Deine Gäste kümmern.

4 Portionen

20 Minuten Zubereitung | 30 Minuten Ziehzeit | 60 Minuten Backen

Für die Hähnchenkeulen:

2 EL Olivenöl
5 EL Wasser
1 EL Tomatenmark
50 g Parmesan, gerieben
8 Hähnchenkeulen, à 200 g
Salz
6 Pr. Just Spices Roter Pesto Mix

Für die Tomatensoße:

1 Knoblauchzehe
2 Zwiebeln, rot
1 EL Olivenöl
100 ml Weißwein
200 ml Geflügelbrühe
1 Dose stückige Tomaten, à 400 g
10 Kapernäpfel
250 g Kirschtomaten
1 EL Oliven, schwarz
Salz, Pfeffer
1 Pr. Just Spices Aglio e Olio Gewürz

Den Roten Pesto Mix mit Olivenöl, Wasser, Tomatenmark, 2 Prisen Salz und dem geriebenen Parmesan verrühren. Die Hähnchenkeulen in eine Schüssel geben und gründlich mit der Marinade einreiben. Mit Frischhaltefolie abdecken und bei Zimmertemperatur 30 Minuten ziehen lassen.

Den Backofen auf 190 °C (Umluft) vorheizen.

Die Knoblauchzehe schälen und fein hacken. Die Zwiebeln schälen, halbieren und in kleine Würfel schneiden.

In einer Pfanne 1 EL Olivenöl erhitzen, die gewürfelten Zwiebeln und den geschnittenen Knoblauch bei mittlerer Hitze 4 Minuten braten. Mit Aglio e Olio Gewürz, 1 Prise Salz und 1 Prise Pfeffer würzen, 1 weitere Minute braten, mit Weißwein ablöschen und einkochen lassen.

Die Brühe und die stückigen Tomaten hinzugeben, aufkochen und 10 Minuten bei leichter Hitze köcheln lassen.

Die Kapernäpfel halbieren. Die Kirschtomaten waschen und zusammen mit den Kapernäpfeln und schwarzen Oliven in eine Auflaufform (35 x 25 cm) geben.
Die Auflaufform mit der Tomatensoße auffüllen, die marinierten Hähnchenkeulen mit der Hautseite nach oben auf der Tomatensoße verteilen und 1 Stunde im vorgeheizten Ofen garen lassen.

Die fertigen Hähnchenkeulen aus dem Ofen nehmen und direkt servieren.

Tipp: Dazu passt Ciabatta, Polenta oder Pasta.

Piccata Milanese

Hähnchenschnitzel im Teigmantel

Piccata bedeutet nichts anderes als „kleines Stück Fleisch". Auf fruchtigem Tomaten-Chutney und serviert mit Spaghetti ist die Piccata Milanese ein wahrer Klassiker, der auch dem kleinsten Fan der italienischen Küche besonders gut schmeckt. Im Mailänder Original wird Kalbfleisch verwendet, uns schmeckt es besonders gut mit Hähnchenbrustfilet.

4 Portionen | 30 Minuten

Für das Tomaten-Chutney:

3 Rispentomaten
2 Knoblauchzehen
1 Zwiebel, rot
1 EL Olivenöl
1 EL Honig
1 EL Balsamicoessig, dunkel
1 Dose stückige Tomaten, à 400 g
3 Pr. Just Spices Tomatensoße Gewürz

Für die Piccata:

2 Hähnchenbrustfilets, à 300 g
5 Eier
150 g Parmesan, gerieben
100 g Mehl
100 ml Olivenöl
4 Pr. Just Spices Meat Allrounder

Die Rispentomaten waschen und grob würfeln. Den Knoblauch schälen und fein hacken. Die Zwiebel schälen, halbieren und in feine Würfel schneiden.

In einem Topf 1 EL Olivenöl erhitzen und die Zwiebel und den Knoblauch 3 Minuten bei mittlerer Hitze braten. Den Honig hinzufügen und weitere 2 Minuten braten. Die Rispentomaten hinzufügen und 2 Minuten braten. Mit Balsamicoessig ablöschen, die stückigen Tomaten und das Tomatensoße Gewürz hinzufügen und 20 Minuten bei leichter Hitze köcheln lassen.

Die Hähnchenbrustfilets von Haut und Sehnen befreien und waagerecht halbieren. Die 4 entstandenen Schnitzel zwischen Frischhaltefolie legen und mit dem flachen Boden einer kleinen Pfanne oder einem Topf ca. 0,5 cm flach klopfen. Die Schnitzel mit jeweils 1 Prise Meat Allrounder würzen.

Die Eier in einer Schüssel aufschlagen, den geriebenen Parmesan dazugeben und gründlich verquirlen. Das Mehl auf einen flachen Teller geben.

In 2 Pfannen jeweils 50 ml Olivenöl erhitzen. Die Schnitzel zuerst im Mehl wenden, dann in die Ei-Parmesan-Mischung geben. Dabei darauf achten, dass jede Stelle mit der Panade bedeckt ist. Die Schnitzel in die vorgeheizten Pfannen geben und von jeder Seite bei mittlerer Hitze 5 Minuten ausbacken.

Das Tomaten-Chutney auf einen großen Teller anrichten und die Schnitzel darauf servieren.

MEAT
ALLROUNDER
JUST
SPICES

Hähnchen Caprese

überbackene Hähnchenbrust mit Tomate & Basilikum

Sommer, Sonne, Capri! Die italienische Urlaubsinsel war der Namensgeber für die leckere Kombination aus Tomaten, Mozzarella und Basilikum. Unser Hähnchen Caprese mit selbst gemachtem Pesto schmeckt nach puren Sonnenstrahlen und einem sommerlichen Inselurlaub.

30

4 Portionen

15 Minuten Zubereitung | 10 Minuten Backen

Für das Pesto:

60 g Pinienkerne

3 EL Olivenöl

2 EL Wasser

1 Knoblauchzehe

6 Pr. Just Spices Grüner Pesto Mix

2 Rispentomaten

1 Laib Mozzarella, à 125 g

4 Hähnchenbrustfilets, à 160 g

1 EL Olivenöl

½ Bund Basilikum

Salz, Pfeffer

Für das Pesto die Pinienkerne in einer beschichteten Pfanne ohne Fett bei mittlerer Hitze goldgelb anrösten. Dabei gelegentlich umrühren, damit die Kerne nicht verbrennen. Anschließend herausnehmen und in ein hohes Gefäß geben.
Den Grünen Pesto Mix, das Olivenöl und das Wasser dazugeben. Den Knoblauch schälen und ebenfalls dazugeben. Mit einem Pürierstab zu einer homogenen Masse mixen und beiseitestellen.

Den Backofen auf 180 °C (Umluft) vorheizen.

Die Tomaten waschen und in ca. 0,5 cm breite Scheiben schneiden. Den Mozzarella ebenfalls in ca. 0,5 cm breite Scheiben schneiden.

Die Hähnchenbrustfilets von Haut und Sehnen befreien, zwischen Frischhaltefolie legen und mit dem flachen Boden einer kleinen Pfanne oder einem Topf ca. 1 cm flach klopfen. Jeweils mit 1 Prise Salz und 1 Prise Pfeffer würzen und die Oberseite mit dem Pesto bestreichen. Die Tomatenscheiben auf dem Pesto verteilen und mit dem Mozzarella belegen.

In einer Pfanne 1 EL Olivenöl erhitzen und die Hähnchenbrustfilets bei starker Hitze von der Unterseite 2 Minuten anbraten. Die Temperatur auf leichte Hitze reduzieren und weitere 2 Minuten braten. Die Hähnchenbrustfilets aus der Pfanne auf ein mit Backpapier ausgelegtes Backofengitter legen und auf der mittleren Schiene 10 Minuten im Backofen backen.

Das Basilikum waschen, trocken tupfen und zupfen. Die Hähnchenbrustfilets aus dem Backofen nehmen, mit dem Basilikum belegen und servieren.

Involtini

italienische Kalbsroulade

Involtino ist das italienische Wort für Roulade. Ursprünglich sind die Involtini alla Siciliana eine typisch sizilianische Spezialität, bei der dünne Kalbsschnitzel gefüllt und in einem leckeren Sud aus italienischem Likörwein, dem Vino de Marsala, geschmort werden. Wir haben für unser Gericht Rotwein verwendet und unsere ganz eigene Version kreiert. Serviert werden Involtini meist mit Salat und frisch gebackenem Brot.

4 Portionen

30 Minuten Zubereitung | 35 Minuten Schmorzeit

4 Kalbsschnitzel, à 150 g
4 Scheiben Parmaschinken
50 g Parmesan, gerieben
12 Salbeiblätter
2 EL Olivenöl
100 ml Rotwein
400 ml Geflügelbrühe
1 Glas Balsamico-Zwiebeln, à 300 g
1 TL Speisestärke
1 EL Wasser
Pfeffer
4 Pr. Just Spices Meat Allrounder

Die 4 Schnitzel zwischen Frischhaltefolie legen und mit dem flachen Boden einer kleinen Pfanne oder einem Topf ca. 0,5 cm flach klopfen. Mit je 1 Prise Pfeffer und Meat Allrounder würzen.

Den Parmaschinken auf einem Brett ausbreiten, die Kalbsschnitzel der Länge nach auf jeweils eine Scheibe legen und mit Parmesan und jeweils 3 Salbeiblättern belegen. Den Schinken vom kurzen Ende eng um das Fleisch aufrollen. Dabei darauf achten, dass die Involtini gut verschlossen sind.

Das Olivenöl in der Pfanne erhitzen und die Involtini mit der offenen Kante des Schinkens nach unten in die Pfanne geben. Bei starker Hitze je 2 Minuten von jeder Seite anbraten und mit dem Rotwein ablöschen. Die Geflügelbrühe sowie die Zwiebeln mit dem Balsamico dazugeben und abgedeckt bei leichter Hitze 35 Minuten köcheln lassen.

Das Fleisch herausnehmen, beiseitestellen und die Soße bei mittlerer Hitze 5 Minuten weiterköcheln lassen. Die Speisestärke mit 1 EL kaltem Wasser verrühren, unter Rühren zur Soße geben und 1 Minute einkochen lassen. Die Involtini wieder in die Soße geben und 2 Minuten bei leichter Hitze köcheln lassen.

Die Involtini auf Tellern verteilen und mit der Soße servieren.

MEAT
ALLROUNDER
JUST
SPICES

ITALIAN
ALLROUNDER
JUST SPICES

Geschmortes Rindfleisch

in Tomaten-Rotwein-Soße

Sonntagsessen per eccellenza! Von wegen Gulasch ist typisch deutsch. Die Zubereitung ist ganz einfach, aber nichts für Ungeduldige: Das saftige Rindfleisch schmort Stunden im dunklen Sud und wird durch Rotwein, Tomaten und dem Italian Allrounder besonders kräftig, aromatisch und würzig. Zu viel gekocht? Kein Problem: Das Schmorfleisch schmeckt am nächsten Tag noch besser!

4 Portionen

25 Minuten Zubereitung | 3 Stunden Schmorzeit

2 Zwiebeln, rot
2 Knoblauchzehen
2 Rispentomaten
50 g Knollensellerie
800 g Nackensteak vom Rind
2 EL Olivenöl
1 EL Tomatenmark
1 Pr. Zucker
150 ml Rotwein
400 ml Geflügelbrühe
1 Dose stückige Tomaten, à 400 g
Salz
5 Pr. Just Spices Italian Allrounder

Die Zwiebeln schälen, halbieren und in feine Würfel schneiden. Den Knoblauch schälen und fein hacken. Die Tomaten waschen und würfeln. Den Sellerie schälen und ebenfalls in kleine Würfel schneiden.

Das Nackensteak in ca. 2 x 2 cm große Würfel schneiden. 1 EL Olivenöl in einem großen Topf erhitzen, das Fleisch bei starker Hitze 7 Minuten anbraten und herausnehmen.

1 EL Olivenöl in dem gleichen Topf erhitzen und das geschnittene Gemüse bei mittlerer Hitze 5 Minuten braten. Den Italian Allrounder, das Tomatenmark und den Zucker dazugeben und 2 Minuten braten. Mit dem Rotwein ablöschen und 1 Minute einkochen lassen.

Das Fleisch zurück in den Topf geben. Die Geflügelbrühe und die stückigen Tomaten dazugeben und bei leichter Hitze 2,5 Stunden bei geschlossenem Deckel sanft köcheln lassen. Weitere 30 Minuten ohne Deckel köcheln lassen und mit 2 Prisen Salz würzen.

Das geschmorte Rindfleisch heiß servieren.

Tipp: Passende Beilagen sind Polenta, Risotto oder Tagliatelle. Auch unsere Caponata von Seite 160 oder mediterranes Ofengemüse von Seite 156 schmecken perfekt dazu.

Italienische Fleischbällchen

in Tomatensoße

Schon Susi und Strolch haben es vorgemacht: Fleischbällchen in Tomatensoße schmecken einfach jedem und bringen nicht nur Kinderaugen zum Strahlen. Die italienischen Hackbällchen sind schnell zubereitet und warten geduldig im Ofen auf ihren Einsatz. Dazu Spaghetti al dente kochen und schon kann das Candle-Light-Dinner starten. A-mmh-more, das muss Liebe sein!

4 Portionen

20 Minuten Zubereitung | 35 Minuten Backen

2 Dosen stückige Tomaten, à 400 g
2 Zwiebeln, rot
2 Knoblauchzehen
2 EL Olivenöl
700 g Rinderhackfleisch
1 Ei
Salz
4 Pr. Just Spices Scharfes Pizza Gewürz
6 Pr. Just Spices Grüner Pesto Mix

Die stückigen Tomaten in einen ofenfesten Topf geben, mit dem Scharfen Pizza Gewürz würzen, einmal aufkochen lassen und warm halten.

Die Zwiebeln schälen, halbieren und fein würfeln. Den Knoblauch schälen und fein hacken. 1 EL Olivenöl in einer Pfanne erhitzen, die Zwiebeln und den Knoblauch für 5 Minuten glasig dünsten, beiseitestellen und kurz auskühlen lassen.

Das Hackfleisch in einer großen Schüssel mit den Zwiebeln, dem Knoblauch, dem Ei, 3 Prisen Salz und dem Grünen Pesto Mix mit den Händen 5 Minuten zu einer glatten Masse verarbeiten. Anschließend mit angefeuchteten Händen ungefähr 15 Hackbällchen in der Größe eines Tischtennisballs formen.

Den Backofen auf 180 °C (Umluft) vorheizen.

Das restliche Olivenöl in einer großen Pfanne erhitzen und die Hackbällchen bei starker Hitze 5 Minuten von allen Seiten braten. Die Hackbällchen zu der Tomatensoße geben und 35 Minuten im Ofen backen.

Die Hackbällchen aus dem Ofen nehmen und heiß servieren.

SCHARFES PIZZA GEWÜRZ
JUST SPICES
GRÜNER PESTO MIX
JUST SPICES

SPINAT
GEWURZ
JUST SPICES

Wolfsbarschpäckchen al Forno

mit Fenchel-Tomaten-Gemüse

Wer Fisch mag, wird Wolfsbarsch lieben! Der klassische Loup de Mer schmeckt sehr dezent und hat ein feines Fischaroma. Eingepackt in Backpapier und gegart im Ofen kann sich das Aroma von Dill, Zitrone und Wolfsbarsch besonders gut entfalten. Du magst keinen Wolfsbarsch? Das Rezept schmeckt auch super mit Lachs, Zander oder Kabeljau.

4 Portionen

35 Minuten Zubereitung | 20 Minuten Backen

1 Fenchelknolle
2 Strauchtomaten
½ Bund Dill
1 Zwiebel, rot
1 Zitrone
2 Knoblauchzehen
50 ml Weißwein
4 EL Olivenöl
4 Wolfsbarschfilets, à 125 g
Salz
6 Pr. Just Spices Spinat Gewürz

Den Backofen auf 180 °C (Umluft) vorheizen.

Den Fenchel waschen, längs vierteln, den Strunk herausschneiden und in feine Streifen schneiden. Die Tomaten waschen, entkernen und die Tomatenfilets fein würfeln. Den Dill waschen, trocken tupfen und fein schneiden. Die Zwiebel schälen und in feine Streifen schneiden. Die Zitrone schälen, halbieren, entkernen und in ca. 2 x 2 cm große Würfel schneiden. Den Knoblauch schälen und fein hacken. Das geschnittene Gemüse und die Zitronenwürfel in eine große Schüssel geben, mit Weißwein, Olivenöl, 2 Prisen Salz und 2 Prisen Spinat Gewürz vermischen und 5 Minuten ziehen lassen.

Die Fischfilets jeweils mit 1 Prise Spinat Gewürz würzen. 2 Backpapierzuschnitte auf der Arbeitsfläche auslegen und jeweils 2 EL der Gemüsemischung in der Mitte der Backpapiere verteilen. Jeweils 1 Fischfilet auf das Gemüse legen, darauf erneut 2 EL Gemüsemischung verteilen und anschließend je 1 Fischfilet auflegen. Das Backpapier wie ein Paket zusammenfalten und die Enden unter dem Fischpaket möglichst luftdicht zusammenklappen.

Die Fischpäckchen auf einem Backblech 20 Minuten backen. Aus dem Ofen nehmen, auspacken, auf 4 Tellern anrichten und sofort servieren.

Schnelles Kabeljaufilet

italienischer Art

Dieses Gericht zaubert Dir die Sonne auf den Teller. Fangfrisch aus der Pescheria landet der Kabeljau direkt in Deiner Pfanne. Das zarte Filet zergeht sofort auf der Zunge. Salzig, zitronig und mit einer leichten Schärfe – der Geschmack lässt Dich von einem spätsommerlichen Strandausflug träumen und erinnert an eine sanfte Meeresbrise. Buon appetito!

4 Portionen | 35 Minuten

3 Knoblauchzehen
1 Chili, klein
500 g Kirschtomaten
½ Zitrone
6 Sardellenfilets, aus dem Glas
2 EL Olivenöl
600 g Kabeljaufilet, ohne Haut
2 EL Mehl
100 g Oliven, schwarz
50 g Pinienkerne
1 Bund Basilikum
Salz
4 Pr. Just Spices Roter Pesto Mix
1 Pr. Just Spices Scharfes Pizza Gewürz

Den Knoblauch schälen und fein hacken. Die Chili waschen, halbieren, von den Kernen befreien und ebenfalls fein hacken. Die Kirschtomaten waschen und die Zitrone auspressen. Die Sardellenfilets halbieren.

In einem Topf 1 EL Olivenöl erhitzen und die Tomaten bei mittlerer Hitze zusammen mit dem Knoblauch und der Chili 3 Minuten anbraten. Mit dem Roten Pesto Mix und dem Scharfen Pizza Gewürz würzen, mit dem Saft der Zitrone ablöschen und 5 Minuten bei leichter Hitze köcheln lassen.

In einer Pfanne 1 EL Olivenöl erhitzen. Das Kabeljaufilet mit 1 Prise Salz würzen, von beiden Seiten in Mehl wenden und in der Pfanne bei starker Hitze von jeder Seite 2 Minuten braten.

Die Oliven und die Sardellen zu der Tomatensoße geben und den gebratenen Fisch hineingeben. Mit der Soße bedecken und bei leichter Hitze 15 Minuten köcheln lassen.

Die Pinienkerne in einer beschichteten Pfanne ohne Fett bei mittlerer Hitze goldgelb anrösten. Dabei gelegentlich umrühren, damit die Kerne nicht verbrennen. Anschließend herausnehmen und beiseitestellen.

Das Basilikum waschen, trocken tupfen und in feine Streifen schneiden. Pinienkerne und Basilikum über den Fisch geben und sofort servieren.

Tipp: Dazu kannst Du cremige Polenta, würzige Ofenkartoffeln oder unsere selbst gemachten Gnocchi von Seite 126 servieren.

ROTER PESTO MIX
JUST SPICES

GRÜNER PESTO MIX
JUST SPICES

Lachsfilet al Forno

mit Zitronen-Pesto-Kruste

Jetzt mal Butter bei die Fische: Lachs ist aus der mediterranen Küche nicht mehr wegzudenken und wegen seines milden Geschmacks für Fisch-Einsteiger besonders gut geeignet. Die zitronige, frische Kräuterkruste sorgt für einen angenehmen Crunch. Als Beilage passt unser schmackhaftes Risotto von Seite 136.

4 Portionen

20 Minuten Zubereitung | 30 Minuten Kühlen | 20 Minuten Backen

Für die Zitronen-Pesto-Kruste:

1 EL Pinienkerne
1 Zitrone, Saft und Abrieb
2 Bund Basilikum
1 Bund Petersilie, glatt
20 ml Olivenöl
50 g Butter, weich
1 Ei
50 g Parmesan, gerieben
70 g Paniermehl
Salz
6 Pr. Just Spices Grüner Pesto Mix

800 g Lachsfilet
1 TL Olivenöl
Pfeffer
1 Pr. Just Spices Grüner Pesto Mix

Die Pinienkerne in einer beschichteten Pfanne ohne Fett bei mittlerer Hitze goldgelb anrösten. Dabei gelegentlich umrühren, damit die Kerne nicht verbrennen. Anschließend herausnehmen und beiseitestellen. Die Zitrone waschen, trocknen, die Schale abreiben und den Abrieb beiseitestellen. Dann die Zitrone halbieren und eine Hälfte auspressen.

Das Basilikum und die Petersilie waschen, trocken tupfen und klein zupfen. Das Olivenöl in ein hohes Gefäß füllen, das Basilikum und die Petersilie hinzufügen und mit einem Pürierstab zu einer homogenen Masse mixen.

In einer Schüssel die Butter mit einem Schneebesen 3 Minuten aufschlagen. Das Ei und die Kräuter-Pesto-Mischung hinzufügen und gründlich unterrühren. Den Zitronensaft dazugeben, mit 6 Prisen Grünem Pesto Mix und 1 Prise Salz würzen. Den Parmesan und das Paniermehl unterheben und 30 Minuten kalt stellen.

Den Backofen auf 190 °C (Umluft) vorheizen.

Das Lachsfilet von Gräten und Haut befreien und mit 1 TL Olivenöl einreiben. Auf ein mit Backpapier ausgelegtes Backblech geben und mit 1 Prise Grünem Pesto Mix und 1 Prise Pfeffer würzen. Den Abrieb der Zitrone und die Kräuter-Pesto-Mischung ca. 1 cm dick auf dem Fisch verteilen. Den Fisch 15 Minuten im vorgeheizten Ofen garen lassen, bis die Kruste goldbraun ist und der Fisch von außen milchig weiß glänzt.

Tipp: Die Kruste kannst Du gut vorbereiten. Dafür streichst Du einfach die Zitronen-Pesto-Mischung dünn auf Backpapier aus und stellst sie anschließend kalt.

Focaccia & Pizza

Focaccia

[fo'kat:ʃa]

Bedeutung: Fladen

Keine italienische Speise hat eine so lange Tradition wie sie: die Focaccia! Tatsächlich ist der goldglänzende, fluffige Brotfladen schon im alten Rom zubereitet und voller Freude verspeist worden. Mit der Zeit ist die Focaccia besonders in Ligurien, allen voran in der Stadt Genua, zu einer kleinen Berühmtheit geworden. Von dort aus hat sie zunächst als Hauptspeise in der „Cucina dei poveri“ (Küche der Armen) ganz Bella Italia im Sturm erobert.

Fun Fact: Wusstest Du, dass der Name „Focaccia“ ursprünglich auf das lateinische Wort „Focus“ für Feuer zurückgeht? Im alten Rom wurde das Brot nämlich meist über dem offenen Herdfeuer gebacken.

Heute ist die Focaccia nicht weniger beliebt, wird aber seltener als Hauptspeise als vielmehr zum Aperitif oder als Snack serviert. In manchen Regionen Italiens ist sie dick und fluffig, in anderen eher dünn und knusprig. Auch die Varianten für den Belag sind schier unendlich.

Das haben wir übrigens auf unserer Reise durch Italien aus erster Hand erfahren. Denn jeder von uns hatte seinen ganz persönlichen Favoriten, wenn es um das knusprig-goldene Brot ging. Focaccia gibt es in Italien wirklich an jeder Ecke, in den kleinsten Cafés, mal ganz klassisch mit Öl und Kräutern, mal ausgefallen und aufwendig mit Gemüse und Käse verfeinert. Mal zu Antipasti gereicht, mal als Appetithappen für unterwegs.

Als wir dieses Kochbuch entwickelt haben, sind wir bewusst ganz nah an den brotigen Favoriten unserer Reise geblieben. Und diese Favoriten haben sich auch bei der Just Spices-Family absolut bewährt: Jedes Mal, wenn wir unsere Focaccia-Rezepte für dieses Buch gebacken haben, war das ganze Büro in hellster Aufregung. In allergrößter Geschwindigkeit wurde die Lieblingssorte gesichert und ein leckerer mediterraner Salat oder etwas Ofengemüse dazu verspeist.

Frisch aus dem Ofen ist unser Focaccia-Rezept natürlich am allerbesten. Die Kruste goldgelb – innen ist der Teig unglaublich fluffig und die Beläge laden fast dazu ein, Focaccia direkt wieder zum Hauptgericht zu machen. Quasi „Back to the roots“. Du wirst sehen: Einmal selbst gebacken, wird Deine mediterrane Brot-Liebe auf ein ganz neues Level gehoben.

Grundrezept: Focacciateig

Focaccia ist ein leichtes Hefegebäck, das Du mit Deinen Lieblingszutaten verfeinern kannst. Aber auch pur wie in unserem Grundrezept schmeckt das köstliche Fladenbrot hervorragend. Das wichtigste dabei ist die Zeit, die der Teig zum Gehen braucht, um richtig schön luftig zu werden. Ansonsten ist das Rezept supereasy und schmeckt einfach nur lecker.

1 Focaccia, ca. 40 x 30 cm

20 Minuten Zubereitung | 3 Stunden 45 Minuten Teigruhe | 25 Minuten Backen

1 Würfel frische Hefe, à 42 g
400 ml Wasser, lauwarm
20 g Zucker
700 g Mehl, Type 405
100 ml Olivenöl
Salz

Die Hefe in einer Schüssel mit 400 ml lauwarmem Wasser auflösen, den Zucker hinzufügen, mit einem Schneebesen verrühren und 5 Minuten ruhen lassen. Das Mehl in eine zweite, große Schüssel geben und mit 20 g Salz und 40 ml Olivenöl vermischen. Die aufgelöste Hefe unterrühren und den Teig 5 Minuten mit den Händen gut durchkneten. Mit einem trockenen und sauberen Küchentuch abdecken und ca. 3 Stunden an einem warmen Ort gehen lassen.

Den Teig zu einem ca. 35 x 25 cm großen Rechteck ausrollen und auf ein mit Olivenöl benetztes Backblech geben. Für den typischen Focaccia-Look mit den Fingern kleine Dellen in den Teig drücken, mit 1 Prise Salz würzen und mit dem restlichen Olivenöl beträufeln. Erneut 45 Minuten an einem warmen Ort gehen lassen.

Den Backofen auf 250 °C (Umluft) vorheizen.

Die Focaccia 25 Minuten im vorgeheizten Ofen backen oder für die folgenden Rezepte auf den Seiten 212, 214 und 216 weiterverwenden.

Tipp: Wie bei allen Teigen gilt – je länger die Gehzeit, desto fluffiger, luftiger und köstlicher. Du kannst den Teig also auch schon perfekt am Tag zuvor vorbereiten. Dafür stellst Du den fertigen Teig einfach nach der hier angegebenen Gehzeit abgedeckt in den Kühlschrank und holst ihn mindestens 5 Stunden vor dem Backen wieder heraus.

SPINAT
GEWÜRZ
JUST SPICES

Oliven-Focaccia

mit Rosmarin

Die besten mediterranen Zutaten vereint in einem unverschämt leckeren Focacciabrot. Da kommt man ins Schwärmen von einem Picknick unter den Olivenhainen der Toskana oder inmitten von Pinienwäldern an der Mittelmeerküste. Das Fladenbrot Italiens überzeugt auf ganzer Linie: locker, leicht, herzhaft und sättigend. Weg mit dem Besteck und Buon appetito!

4 Portionen

25 Minuten Zubereitung | 3 Stunden Teigruhe | 25 Minuten Backen

1 Grundrezept Focacciateig von S. 210

3 Stängel Rosmarin
50 g Oliven, grün, entsteint
50 g Oliven, schwarz, entsteint
60 g Pinienkerne
4 EL Olivenöl
8 Pr. Just Spices Spinat Gewürz

Den Focacciateig wie auf Seite 210 beschrieben zubereiten. Mit einem trockenen und sauberen Küchentuch abdecken und ca. 3 Stunden an einem warmen Ort gehen lassen.

Den Backofen auf 250 °C (Umluft) vorheizen.

Den Teig zu einem ca. 35 x 25 cm großen Rechteck ausrollen und auf ein mit Olivenöl benetztes Backblech geben.

Den Rosmarin waschen, trocken tupfen und abzupfen. Den Focacciateig mit Oliven, Rosmarin und Pinienkernen belegen, mit dem Spinat Gewürz würzen und mit 2 EL Olivenöl beträufeln.

Die Focaccia 25 Minuten im vorgeheizten Ofen backen, herausnehmen und nochmals mit 2 EL Olivenöl beträufeln.

Mini-Focaccia

mit aromatischen Kirschtomaten

So fluffig, dass sogar die kleinen Tomaten darin versinken wie in einem weichen, luftigen Kissen. Ob als Vorspeise, als Snack für zwischendurch oder als Beilage zu Antipasti: Diese Mini-Focaccia mit Kirschtomaten wird mit Sicherheit zu einem Deiner Lieblingsrezepte werden. Für ein besonders crunchiges Topping kannst Du grobes Meersalz verwenden.

4 Portionen

25 Minuten Zubereitung | 60 Minuten Teigruhe | 15 Minuten Backen

½ Grundrezept Focacciateig von S. 210

8 EL Olivenöl

250 g Kirschtomaten

Salz

8 Pr. Just Spices Pasta Allrounder

Den Focacciateig wie auf Seite 210 beschrieben zubereiten und in 4 gleich große Stücke teilen.

Die 4 Teiglinge auf einer mit Öl benetzten Arbeitsfläche zu Kugeln formen. Auf ein mit Backpapier ausgelegtes und mit Öl benetztes Backblech legen und leicht mit der flachen Hand platt drücken. Die Teigfladen mit jeweils 1 EL Olivenöl beträufeln und 60 Minuten an einem warmen Ort gehen lassen.

Den Backofen auf 220 °C (Ober-/Unterhitze) vorheizen.

Die Kirschtomaten waschen. Die aufgegangenen Teigfladen mit der flachen Hand erneut leicht andrücken und für den typischen Focaccia-Look mit den Fingern kleine Dellen in den Teig drücken.

Die Tomaten waschen und ungefähr 5–6 Tomaten auf den Teigfladen verteilen und mit 4 Prisen Pasta Allrounder und 4 Prisen Salz würzen.

Die Focaccia 10–15 Minuten im vorgeheizten Backofen backen, aus dem Ofen nehmen, jeweils mit 1 EL Olivenöl beträufeln und mit je 1 Prise Pasta Allrounder würzen.

Gefüllte Focaccia

mit Scamorza & Mortadella

Jetzt können Deine schnöden Abendbrotstullen einpacken. Dieses Sandwich verspricht puren italienischen Genuss mit Mortadella, der gebrühten Schinkenwurst aus Bologna, und Scamorza, einem typisch italienischen Kuhmilchkäse. Gemeinsam mit Rucola und gerösteter Paprika werden die Spezialitäten ummantelt von frisch gebackenem Focacciabrot. Einfach reinbeißen und genießen.

4 Portionen

30 Minuten Zubereitung | 2 Stunden Teigruhe | 45 Minuten Backen

½ Grundrezept Focacciateig von S. 210

7 EL Olivenöl
200 g Frischkäse
1 Paprika, rot
1 Paprika, gelb
4 Handvoll Rucola
½ Laib Scamorza, à 250 g
200 g Mortadella, in Scheiben
Salz, Pfeffer
5 Pr. Aglio e Olio Gewürz
5 Pr. Just Spices Meat Allrounder

Den Focacciateig wie auf Seite 210 beschrieben zubereiten und ca. 4 cm dick ausrollen. Den Teig in eine mit Öl benetzte, runde Kuchenform geben und abgedeckt an einem warmen Ort 2 Stunden gehen lassen.

Den Backofen auf 250 °C (Ober-/Unterhitze) vorheizen. 3 EL Olivenöl auf dem Teig verteilen und die Focaccia 20–25 Minuten im Ofen backen . Nach der Hälfte der Garzeit das Aglio e Olio Gewürz auf der Oberfläche verteilen und weiter backen. Die Focaccia aus dem Ofen nehmen, sofort mit 3 EL Olivenöl beträufeln und auskühlen lassen. Den Ofen bei 250 °C (Ober-/Unterhitze) weiter angeschaltet lassen.

Währenddessen den Frischkäse in eine Schüssel geben und mit dem Meat Allrounder, 2 Prisen Salz und 2 Prisen Pfeffer würzen. Die Paprika waschen, halbieren, entkernen, mit einem Messer die weißen Fasern entfernen und auf ein mit Backpapier ausgelegtes Backblech geben. Mit 1 EL Olivenöl beträufeln und 20 Minuten im vorgeheizten Ofen backen, bis die Haut der Paprika dunkel geröstet ist. Die Paprika in eine Schüssel mit kaltem Wasser geben und 10 Minuten auskühlen lassen.

Den Rucola waschen und trocken tupfen. Die Paprika aus dem Wasser nehmen, die Schale mit einem kleinen Messer abziehen und in grobe Würfel schneiden. Den Scamorza in dünne Scheiben schneiden. Die Focaccia aus der Form lösen, der Länge nach halbieren und auf den Innenseiten mit dem Frischkäse bestreichen. Den Rucola auf der Unterseite verteilen und mit der Mortadella, dem Scamorza und der gerösteten Paprika belegen. Die obere Hälfte auflegen und die Focaccia vierteln.

Tipp: Falls Du keinen Scamorza zu Hause hast, kannst Du Dein Focaccia-Sandwich auch mit Mozzarella belegen.

Pizza

[ˈpittsa]

Bedeutung: Bissen, Stück

Es gibt wohl kaum jemanden, der mit Italien nicht sofort ein bestimmtes Gericht in Verbindung bringt: Pizza! Wir kennen sie quasi als Inbegriff des mediterranen Soulfoods, als hoch aromatische Sonne des Food-Universums. Und dabei gibt es gar nicht die eine Pizza – sondern unzählige köstliche Varianten.

Wenn wir bei Just Spices unsere regelmäßigen Kochabende veranstalten, sind sie besonders gut besucht, wenn wir den italienischen Klassiker ankündigen. Hier kommt wirklich jeder auf seine Kosten und belegt seinen persönlichen Pizza-Traum ganz nach seinen Wünschen.

Fun Fact: Wusstest Du, dass die klassische neapolitanische Pizza 2017 zum immateriellen Weltkulturerbe ernannt wurde? Quasi ein knuspriges Stück Weltgeschichte mit geschmolzenem Käse. Gute Entscheidung, wie wir finden!

Schließlich reicht die Geschichte der Pizza mindestens bis ins 18. Jahrhundert zurück. Damals war sie meist nur mit Olivenöl, Tomate, Oregano und Oliven belegt und war besonders unter den einfachen Leuten Neapels sehr beliebt. Da Pizza schon immer in sehr heißen Öfen gebacken werden musste, wurde der Teig zu Hause zubereitet und belegt und dann zum örtlichen Bäcker gebracht. Die Bäcker stellten schon bald selbst die Teige her, belegten und backten sie, um sie dann zu verkaufen. Die Geburtsstunde der Pizzeria!

Der geschmackliche Schlüssel zum perfekten Pizza-Glück beginnt natürlich nicht erst bei den Zutaten, mit denen Du sie belegst. Vielmehr entscheidet schon der Teig über das kulinarische Vergnügen. Hier braucht es gar nicht viel Schnickschnack, sehr wohl aber genug Zeit, damit der Teig gehen kann. Hast Du diese Geduld einmal aufgebracht, kannst Du den Teig auch problemlos einfrieren. Nach der Gehzeit verpackst Du ihn einfach luftdicht und frierst ihn möglichst flach ein. So kannst Du ihn dann jederzeit bei Zimmertemperatur auftauen lassen, belegen und zum perfekten Soulfood ausbacken.

Klar, wenn es mal ganz besonders „pronto“ sein muss, kannst Du auch mal auf fertigen Pizzateig aus der Kühlung im Supermarkt zurückgreifen. Achte dann aber besonders darauf, dass Du die individuelle Backzeit und die Temperatur im Auge behältst. Aber Hand aufs Herz: Hast Du einmal unseren Pizzateig selbst gemacht und nach Deinen persönlichen Food-Träumen belegt, willst Du nichts anderes mehr.

Grundrezept: Pizzateig

Knusprig, luftig und unwiderstehlich lecker – für die Zubereitung des italienischen Klassikers bedarf es nur ein paar Zutaten, dafür aber Geduld bei der Teigruhe. Noch mit Mehl an den Händen kannst Du Deine Schürze richten und dem Teig neugierig beim Aufgehen zuschauen. Deine Geduld wird belohnt, denn der perfekte Pizzaboden ist der ultimative Schlüssel zum Soulfood-Heaven.

4 Portionen

20 Minuten Zubereitung | 3 Stunden 30 Minuten Teigruhe

½ Würfel frische Hefe, à 42 g
480 ml Wasser, lauwarm
700 g Mehl, Type 00
Salz

Die Hefe in einer Schüssel in 480 ml lauwarmem Wasser auflösen, mit einem Schneebesen verrühren und 5 Minuten ruhen lassen. Das Mehl in eine große Schüssel geben und mit 20 g Salz vermischen. Die aufgelöste Hefe unterrühren und den Teig 5 Minuten mit den Händen gut durchkneten, bis ein glatter Teig entstanden ist. Mit einem trockenen und sauberen Küchentuch abdecken und ca. 30 Minuten an einem warmen Ort gehen lassen.

Den Teig vierteln, zu Teigkugeln formen, auf ein bemehltes Backblech geben und erneut abgedeckt ca. 3 Stunden an einem warmen Ort gehen lassen.

Die Teigkugeln auf einer bemehlten Arbeitsfläche mit einem Nudelholz zu jeweils einem ca. 0,5 cm dünnen, kreisförmigen Pizzaboden ausrollen. Die Böden sollten dabei jeweils einen Durchmesser von ca. 25 cm haben.

Die Pizzaböden sofort weiterverarbeiten.

Tipp: Wie bei jedem Teig gilt – je länger die Gehzeit, desto fluffiger, luftiger und köstlicher. Du kannst den Teig also auch schon perfekt am Tag zuvor vorbereiten. Dafür stellst Du den fertigen Teig einfach nach der hier angegebenen Gehzeit abgedeckt in den Kühlschrank und holst ihn mindestens 5 Stunden vor dem Backen wieder heraus.

MEDITERRANER
GEMÜSE
ALLROUNDER

Pizza Verdura

Gemüsepizza mit Brokkoli & Aubergine

Wenn Du mal Lust auf ordentlich Veggie-Power hast, solltest Du unbedingt einen Bissen von dieser Pizza probieren. Das kunterbunte Gemüsetopping verleiht dem knusprigen Pizzaboden das gewisse Etwas und bietet sich zu allerlei Resteverwertung aus dem Gemüsegarten an. Die Pizza Verdura, italienisch für „Gemüse", macht ihrem Namen alle Ehre.

4 Portionen

20 Minuten Zubereitung | 20 Minuten Backen

(+ Grundrezept S. 220)

1 Grundrezept Pizzateig von S. 220 oder 2 Packungen gekaufter Pizzateig, à 400 g

2 Dosen geschälte Tomaten, à 400 g
100 g Champignons
1 Brokkoli
1 Aubergine
2 Stangen Frühlingslauch
2 Laib Mozzarella, à 125 g
1 EL Olivenöl
Salz
4 Pr. Just Spices Mediterraner Gemüse Allrounder

Den selbst gemachten Pizzateig wie auf Seite 220 beschrieben zubereiten und den Ofen auf maximale Temperatur (Ober-/Unterhitze) vorheizen. Alternativ den gekauften Teig verwenden und die Temperaturangaben gemäß Packungsanleitung beachten.

Die Tomaten in eine Schüssel geben, mit dem Mediterranen Gemüse Allrounder und 2 Prisen Salz würzen und mit den Händen 5 Minuten zu einer stückigen Tomatensoße verarbeiten.

Die Champignons putzen, vierteln, den Brokkoli waschen und in kleine Röschen teilen. Die Aubergine waschen, die Enden abschneiden und in ca. 0,5 cm breite Scheiben schneiden. Den Frühlingslauch waschen, putzen und in feine Ringe schneiden. Den Mozzarella in grobe Stücke zupfen, auf ein Küchentuch legen und beiseitestellen.

Das Olivenöl in einer Pfanne erhitzen und den Brokkoli 3 Minuten bei mittlerer Hitze anbraten. Die Champignons hinzufügen, 2 Minuten mitbraten, mit 1 Prise Salz würzen, aus der Pfanne nehmen und beiseitestellen.

Die Tomatensoße auf den Pizzen verteilen und mit der Aubergine, dem gebratenen Gemüse und dem Mozzarella belegen. Jede Pizza auf ein mit Backpapier ausgelegtes Backblech legen, einzeln in den Ofen geben und den selbst gemachten Pizzateig ca. 5 Minuten im vorgeheizten Ofen backen. Alternativ den gekauften Teig nach Packungsanleitung zubereiten. Die Pizzen aus dem Ofen nehmen, mit dem Frühlingslauch belegen und heiß servieren.

Pizza Bianca

weiße Pizza mit Rucola

Pizza Bianca – die weiße Pizza. Nomen est omen, denn diese Pizza wird ohne Tomatensoße, also komplett „weiß“ serviert. Doch der Geschmack leidet darunter nicht – im Gegenteil! Scamorza, ein italienischer Kuhmilchkäse, Rucola, Ricotta und Zucchini verleihen der schlichten Pizza ein tolles Aroma. Falls Du keinen Scamorza zu Hause hast, kannst Du auch einfach Mozzarella verwenden.

4 Portionen

15 Minuten Zubereitung | 20 Minuten Backen

(+ Grundrezept S. 220)

1 Grundrezept Pizzateig von S. 220 oder 2 Packungen gekaufter Pizzateig, à 400 g

1 Zucchini
400 g Ricotta
1 Laib Scamorza, à 250 g
2 Handvoll Rucola
Salz
4 Pr. Just Spices Spinat Gewürz

Den selbst gemachten Pizzateig wie auf Seite 220 beschrieben zubereiten und den Ofen auf maximale Temperatur (Ober-/Unterhitze) vorheizen. Alternativ den gekauften Teig verwenden und die Temperaturangaben gemäß Packungsanleitung beachten.

Währenddessen die Zucchini waschen, die Enden abschneiden und in ca. 0,5 cm breite Scheiben schneiden. In einem Sieb mit 3 Prisen Salz mischen und 10 Minuten ziehen lassen. Mit Wasser abbrausen und auf ein Küchenpapier legen.

Den Ricotta in einer Schüssel mit dem Spinat Gewürz und 1 Prise Salz verrühren. Den Scamorza in ca. 2 x 2 cm große Würfel schneiden. Den Rucola waschen und trocken schleudern.

Den Ricotta auf den Pizzen verteilen und mit der Zucchini und dem Scamorza belegen.

Jede Pizza einzeln auf ein mit Backpapier ausgelegtes Backblech legen, einzeln in den Ofen geben und den selbst gemachten Pizzateig ca. 5 Minuten im vorgeheizten Ofen backen. Alternativ den gekauften Teig nach Packungsanleitung zubereiten.

Die Pizzen aus dem Ofen nehmen, mit Rucola belegen und heiß servieren.

SPINAT
GEWÜRZ
JUST SPICES

Pizza Margherita

klassische Pizza mit Tomate & Mozzarella

Grün, Weiß, Rot – belegt mit Basilikum, Mozzarella und Tomatensoße vereint die Margherita die Farben der italienischen Flagge auf nur einem Stück krosser Leidenschaft. Wir können gar nicht genug von dieser Köstlichkeit bekommen. Auch der damaligen italienischen Königin Margarethe schmeckte die Pizza so gut, dass sie gleich nach ihr benannt wurde. Mehr Italien auf einem Stück Pizza geht nicht.

4 Portionen

10 Minuten Zubereitung | 20 Minuten Backen

(+ Grundrezept S. 220)

1 Grundrezept Pizzateig von S. 220 oder 2 Packungen gekaufter Pizzateig, à 400 g

2 Dosen geschälte Tomaten, à 400 g
2 Laib Mozzarella, à 125 g
3 Bund Basilikum
Salz
4 Pr. Just Spices Grüner Pesto Mix

Den selbst gemachten Pizzateig wie auf Seite 220 beschrieben zubereiten und den Ofen auf maximale Temperatur (Ober-/Unterhitze) vorheizen. Alternativ den gekauften Teig verwenden und die Temperaturangaben gemäß Packungsanleitung beachten.

Die Tomaten in eine Schüssel geben, mit dem Grünen Pesto Mix und 3 Prisen Salz würzen und mit den Händen 5 Minuten zu einer stückigen Tomatensoße verarbeiten.

Den Mozzarella in grobe Stücke zupfen, auf ein Küchentuch legen und beiseitestellen. Das Basilikum waschen, trocken tupfen und zupfen.

Die Tomatensoße auf den Pizzen verteilen, mit der Hälfte des Basilikum und dem Mozzarella belegen. Jede Pizza einzeln auf ein mit Backpapier ausgelegtes Backblech legen, einzeln in den Ofen geben und den selbst gemachten Pizzateig ca. 5 Minuten im vorgeheizten Ofen backen. Alternativ den gekauften Teig nach Packungsanleitung backen.

Die Pizzen aus dem Ofen holen, mit dem restlichen Basilikum belegen und heiß servieren.

Pizza Parma

knusprige Pizza mit Parmaschinken

Keine Lust auf kalte Pizza vom Lieferdienst, sondern auf ein authentisches Pendant aus dem eigenen Ofen? Kein Problem, edlen Pizza-Genuss kannst Du auch zu Hause zubereiten. Diese Pizza-Variante vereint feinste italienische Zutaten: zarten Mozzarella, würzigen Parmesan, hauchdünnen Parmaschinken und frischen Rucola. Mehr braucht es für den wahren Klassiker unter den Feinschmecker-Pizzen nicht.

4 Portionen

10 Minuten Zubereitung | 20 Minuten Backen

(+ Grundrezept S. 220)

1 Grundrezept Pizzateig von S. 220 oder 2 Packungen gekaufter Pizzateig, à 400 g

2 Dosen geschälte Tomaten, à 400 g
2 Laib Mozzarella, à 125 g
2 Handvoll Rucola
200 g Parmaschinken, in Scheiben
50 g Parmesan, gehobelt
Salz
4 Pr. Just Spices Meat Allrounder

Den selbst gemachten Pizzateig wie auf Seite 220 beschrieben zubereiten und den Ofen auf maximale Temperatur (Ober-/Unterhitze) vorheizen. Alternativ den gekauften Teig verwenden und die Temperaturangaben gemäß Packungsanleitung beachten.

Die Tomaten in eine Schüssel geben, mit dem Meat Allrounder und 2 Prisen Salz würzen und mit den Händen 5 Minuten zu einer stückigen Tomatensoße verarbeiten.

Den Mozzarella in grobe Stücke zupfen, auf ein Küchentuch legen und beiseitestellen. Den Rucola waschen und trocken schleudern.

Die Tomatensoße auf den Pizzen verteilen und mit dem Mozzarella belegen.

Jede Pizza einzeln auf ein mit Backpapier ausgelegtes Backblech legen, einzeln in den Ofen geben und den selbst gemachten Pizzateig ca. 5 Minuten im vorgeheizten Ofen backen. Alternativ den gekauften Teig nach Packungsanleitung zubereiten.

Die Pizzen aus dem Ofen holen, mit Parmaschinken, Rucola und Parmesan belegen und heiß servieren.

MEAT
ROUNDER

Pizza Piccante

würzige Pizza mit Salami

Bei dieser Variante jubeln die wahren Pizza-Fans: Knuspriger, italienischer Pizzateig trifft auf fruchtige Tomatensoße, scharf-würzige Salami und cremigen Mozzarella. Als scharfe Salami bietet sich zum Beispiel die „Piccante", eine klassische italienische Sorte, an. Wenn es noch etwas pikanter sein darf, einfach die Pizza nach dem Backen mit etwas Chiliöl beträufeln.

4 Portionen

10 Minuten Zubereitung | 20 Minuten Backen

(+ Grundrezept S. 220)

1 Grundrezept Pizzateig von S. 220 oder 2 Packungen gekaufter Pizzateig, à 400 g

2 Dosen geschälte Tomaten, à 400 g
2 Zwiebeln, rot
2 Laib Mozzarella, à 125 g
100 g Salami, scharf
Salz
4 Pr. Just Spices Scharfes Pizza Gewürz

Den selbst gemachten Pizzateig wie auf Seite 220 beschrieben zubereiten und den Ofen auf maximale Temperatur (Ober-/Unterhitze) vorheizen. Alternativ den gekauften Teig verwenden und die Temperaturangaben gemäß Packungsanleitung beachten.

Die Tomaten in eine Schüssel geben, mit dem Scharfen Pizza Gewürz und 2 Prisen Salz würzen und mit den Händen 5 Minuten zu einer stückigen Tomatensoße verarbeiten.

Die Zwiebeln schälen und in feine Ringe schneiden. Den Mozzarella in grobe Stücke zupfen, auf ein Küchentuch legen und beiseitestellen. Die Salami in Scheiben schneiden.

Die Tomatensoße auf den Pizzen verteilen und mit den Zwiebeln, der Salami und dem Mozzarella belegen.

Jede Pizza einzeln auf ein mit Backpapier ausgelegtes Backblech legen, einzeln in den Ofen geben und den selbst gemachten Pizzateig ca. 5 Minuten im vorgeheizten Ofen backen. Alternativ den gekauften Teig nach Packungsanleitung backen.

Die Pizzen aus dem Ofen holen und heiß servieren.

Pizza Bruschetta

sommerliche Pizza mit frischen Tomaten

Unsere Lieblingsvorspeise macht sich auch als Pizzabelag ausgezeichnet. Tomatenwürfel, Knoblauch und Basilikum schmecken hervorragend warm auf krossem Pizzaboden. Und was hindert Dich eigentlich daran, die Pizza Bruschetta einfach mal als Vorspeise zu servieren? Kaum angeschnitten und schon lassen nur noch ein paar Krümel in der Mitte des Tellers auf die köstliche Pizza schließen.

4 Portionen

15 Minuten Zubereitung | 20 Minuten Backen

(+ Grundrezept S. 220)

1 Grundrezept Pizzateig von S. 220 oder 2 Packungen gekaufter Pizzateig, à 400 g

60 g Pinienkerne
4 Rispentomaten
2 Zwiebeln, rot
1 Knoblauchzehe
2 Bund Basilikum
3 EL Olivenöl
Salz, Pfeffer
5 Pr. Just Spices Roter Pesto Mix
4 Pr. Just Spices Italian Stullen Spice

Den selbst gemachten Pizzateig wie auf Seite 220 beschrieben zubereiten und den Ofen auf maximale Temperatur (Ober-/Unterhitze) vorheizen. Alternativ den gekauften Teig verwenden und die Temperaturangaben gemäß Packungsanleitung beachten.

Die Pinienkerne in einer beschichteten Pfanne ohne Fett bei mittlerer Hitze goldgelb anrösten. Dabei gelegentlich umrühren, damit die Kerne nicht verbrennen. Anschließend herausnehmen und beiseitestellen.

Die Tomaten waschen, vierteln, entkernen und in feine Würfel schneiden. Die Zwiebeln schälen, halbieren und fein würfeln. Den Knoblauch schälen und fein hacken. Das Basilikum waschen, trocken tupfen, zupfen und in feine Streifen schneiden. Tomatenwürfel, Zwiebel, Knoblauch und die Hälfte der Basilikumstreifen in eine Schüssel mit Olivenöl, Rotem Pesto Mix, 3 Prisen Salz und 2 Prisen Pfeffer geben, gut vermengen und auf den Pizzen verteilen.

Jede Pizza einzeln auf ein mit Backpapier ausgelegtes Backblech legen, einzeln in den Ofen geben und den selbst gemachten Pizzateig ca. 5 Minuten im vorgeheizten Ofen backen. Alternativ den gekauften Teig nach Packungsanleitung zubereiten.

Die Pizzen aus dem Ofen holen, mit dem restlichen Basilikum, den Pinienkernen und dem Italian Stullen Spice garnieren und heiß servieren.

ITALIAN
STULLEN
SPICE
JUST SPICES

AGLIO
E OLIO
GEWÜRZ

Gefüllte Pizzabrötchen

mit Mozzarella

Fluffig und mit Käse gefüllt – Pizzabrötchen können einfach alles. Die Minibrötchen verkürzen die Wartezeit beim Lieblingsitaliener, sind die unverzichtbare Beilage bei der Take-away-Bestellung oder dienen als Fingerfood auf der Snackplatte beim Spieleabend. Egal wo, sie werden mit allen geteilt und jeder greift zu.

4 Portionen

15 Minuten Zubereitung | 10 Minuten Backen

(+ Grundrezept S. 220)

½ Grundrezept Pizzateig von S. 220 oder 1 Packung gekauften Pizzateig, à 400 g

2 Laib Mozzarella, à 125 g

8 Pr. Just Spices Aglio e Olio Gewürz

Den selbst gemachten Pizzateig wie auf Seite 220 beschrieben zubereiten und den Ofen auf maximale Temperatur (Ober-/Unterhitze) vorheizen. Alternativ den gekauften Teig verwenden und die Temperaturangaben gemäß Packungsanleitung beachten.

Den Mozzarella in 16 kleine Stücke schneiden. Den Pizzateig in 8 Teigkugeln à ca. 50 g teilen und auf einer bemehlten Arbeitsfläche jeweils ca. 0,5 cm dünn ausrollen.

In die Mitte von jedem Pizzateig ein Stück Mozzarella legen und mit einer Prise Aglio e Olio Gewürz würzen. Die Seiten des Teigs übereinanderklappen und anschließend mit den Händen zu einer Kugel formen.

Die Pizzabrötchen jeweils mit einer Mozzarellascheibe belegen, auf ein mit Backpapier ausgelegtes Backblech legen und 10 Minuten im Ofen backen lassen. Nach der Hälfte der Backzeit einmal wenden. Herausnehmen und warm servieren.

Pizza Calzone

gefüllte Pizza mit Ricotta

Eine Pizza gefüllt mit unseren Lieblingszutaten: die Calzone! Die zusammengeklappte Pizza wurde traditionell nicht im Ofen, sondern in einer Pfanne mit Schmalz gebacken. So ist es heute zum Beispiel auch noch in Neapel üblich, dort wird die Calzone als Pizza Fritta serviert.

4 Portionen
15 Minuten Zubereitung | 20 Minuten Backen
(+ Grundrezept S. 220)

1 Grundrezept Pizzateig von S. 220 oder 2 Packungen gekaufter Pizzateig, à 400 g

200 g Ricotta
150 g Kirschtomaten
200 g Kochschinken, in Scheiben
120 g junger Blattspinat
2 Laib Mozzarella, à 125 g
4 EL Olivenöl
Salz
5 Pr. Just Spices Bolognese Gewürz

Den selbst gemachten Pizzateig wie auf Seite 220 beschrieben zubereiten und den Ofen auf 250 °C (Ober-/Unterhitze) vorheizen. Alternativ den gekauften Teig verwenden und die Temperaturangaben gemäß Packungsanleitung beachten.

Den Ricotta in einer Schüssel mit dem Bolognese Gewürz und 2 Prisen Salz würzen und gut vermengen. Die Kirschtomaten waschen und halbieren. Den Spinat waschen und trocken schleudern. Den Mozzarella in grobe Stücke zupfen, auf ein Küchentuch legen und beiseitestellen.

Jeweils eine Hälfte der Pizzen mit dem Ricotta bestreichen und mit Spinat und Kochschinken belegen. Die Kirschtomaten und den gezupften Mozzarella auf den Pizzen verteilen.

Die Pizzahälften zusammenklappen und den Teig am Rand leicht andrücken.
Die Oberfläche mit dem Olivenöl einpinseln und insgesamt 15–20 Minuten im vorgeheizten Backofen backen. Nach 10 Minuten Backzeit die Oberfläche mit einer Gabel leicht einstechen und weiter backen lassen.

Die Calzone aus dem Backofen nehmen, 5 Minuten auskühlen lassen und servieren.

BOLOGNESE
GEWÜRZ

Dolci

Cantuccini

traditionelles Mandelgebäck

Doppelt hält besser! Das leckere Mandelgebäck aus Florenz wird zweimal gebacken und ist daher besonders lange haltbar. Traditionell werden die süßen Häppchen in Vino Santo, den klassischen italienischen Dessertwein, getunkt, bis sie weich sind. Du kannst sie aber auch wunderbar pur naschen oder in Deiner Kaffeepause zusammen mit einem Cappuccino genießen.

4 Portionen

15 Minuten Zubereitung | 15 Minuten Teigruhe | 40 Minuten Backen

300 g Mehl, Type 405

170 g Zucker

60 ml Amaretto

80 g Butter, weich

60 g Pistazien, geschält

200 g Mandeln, ungeschält

2 Pr. Just Spices Kakaokuss

Mehl, Zucker und Kakaokuss in einer Schüssel vermischen. Den Amaretto und die Butter dazugeben und mit den Händen zu einem glatten, klebrigen Teig kneten.

Den Teig auf eine bemehlte Arbeitsfläche geben, die Pistazien und die Mandeln mit den Händen untermischen und den Teig halbieren. Jede Teighälfte zu einer ca. 15 cm langen Rolle formen, auf ein mit Backpapier ausgelegtes Backblech legen, mit einem Küchentuch abdecken und 15 Minuten ruhen lassen.

Den Backofen auf 180 °C (Umluft) vorheizen.

Die Teigrollen 25–30 Minuten im Ofen backen, bis sie eine goldbraune Kruste haben. Das Backblech aus dem Ofen nehmen, die Rollen vorsichtig auf ein Brett legen und schräg in ca. 1 cm breite Scheiben schneiden. Die Cantuccini zurück auf das Backblech legen, nochmal 15 Minuten backen, aus dem Ofen nehmen und auskühlen lassen.

Tipp: Lass Deiner Fantasie freien Lauf und werde kreativ! Schokolade, Nüsse oder getrocknete Früchte schmecken wunderbar in Deiner eigenen Cantuccini-Kreation.

KAKAO
KUSS
JUST SPICES

Kaffee-Vanille-Dessert

zweierlei Creme mit Haselnuss-Crunch

Dein Gaumen kann sich gar nicht zwischen dem süßen Duo aus aromatischer Vanille und der Espressocreme entscheiden, aber eins ist klar: Beide sind dolcissimo e delizioso! Gebrannte Haselnüsse verleihen dem süßen Dessertglück die crunchy Kirsche auf der Torte. Schicht für Schicht eine süße Verführung und der perfekte Abschluss Deines italienischen Menüs.

4 Portionen

30 Minuten Zubereitung | 6 Stunden Ziehzeit

Für die Vanillecreme:

1 Vanilleschote

250 g Ricotta

50 ml Vollmilch

50 g Zucker

½ Zitrone

Für die Espressocreme:

4 Gelatineblätter

150 ml Espresso

90 g Zucker

200 g Mascarpone

250 g Schlagsahne

2 Pr. Just Spices Kaffeekuss

Für den Haselnuss-Crunch:

100 g Haselnüsse, gebrannt

20 g Kakaopulver

2 Pr. Just Spices Kaffeekuss

Für die Vanillecreme die Vanilleschote halbieren und das Mark herauskratzen. In einer Schüssel Vanillemark, Ricotta, Milch und Zucker mit einem Handrührgerät zu einer homogenen Masse verrühren. Die halbe Zitrone auspressen, den Saft zu der Vanillecreme geben und 2 Minuten verrühren. Die Vanillecreme bis zur Verwendung kalt stellen.

Für die Espressocreme die Gelatineblätter 5 Minuten in kaltem Wasser einweichen. Die Gelatine aus dem Wasser nehmen, mit den Händen gründlich ausdrücken und beiseitestellen. In einem Topf Espresso, Zucker und Kaffeekuss aufkochen lassen, vom Herd nehmen und die eingeweichte Gelatine unter Rühren in dem Espresso auflösen.

Den Mascarpone in eine Schüssel geben, 1 EL davon mit dem Espresso verrühren und dann unter Rühren den Espresso zum Mascarpone in die Schüssel geben und gründlich vermischen. Die Espressocreme 30 Minuten kalt stellen. Die Schlagsahne steif schlagen und unter die gekühlte Espressocreme heben.

Jeweils 1 EL der Vanillecreme auf den Boden von 4 Dessertgläsern geben, die Espressocreme darauf verteilen und mit der restlichen Vanillecreme gleichmäßig auffüllen. Mit einem Holzstäbchen die Creme im Glas verrühren, bis ein marmoriertes Muster entsteht und die Gläser 6 Stunden kalt stellen.

Für den Haselnuss-Crunch die gebrannten Haselnüsse in einer Schüssel mit dem Kakaopulver und dem Kaffeekuss vermischen.

Kurz vor dem Servieren die Creme mit den Haselnüssen garnieren.

Tiramisu

cremiges Kaffee-Dessert mit Amaretto

Dieser süße Klassiker, der beim Italiener als Dessert aufgetischt wird, lässt auch unsere Herzen jedes Mal höher schlagen. Das Schichtdessert mit cremigem Mascarpone, süßem Löffelbiskuit und aromatischem Espresso lässt keine Wünsche offen. Eine Sache ist klar: Nachtisch geht immer. Als alkoholfreie Variante kannst Du den Amaretto auch weglassen und dafür einfach mehr Espresso verwenden.

4 Portionen

20 Minuten Zubereitung | 6 Stunden Ziehzeit

5 Eigelb
70 g Puderzucker
750 g Mascarpone
200 ml Espresso, kalt
50 ml Amaretto
250 g Löffelbiskuit
50 g Kakaopulver
Salz
5 Pr. Just Spices Kaffeekuss

Die Eigelbe zusammen mit dem Puderzucker und 1 Prise Salz in eine Schüssel geben und mit einem Handmixer 10 Minuten schaumig schlagen. Den Mascarpone dazugeben, kurz glatt rühren und dabei darauf achten, dass der Mascarpone nicht flockig wird.

Den Espresso mit dem Amaretto und dem Kaffeekuss verrühren. Die Löffelbiskuits kurz von jeder Seite in die Espressomischung tauchen und den Boden einer Form (ca. 23 x 33 cm) eng damit auslegen. Die Hälfte der Mascarponecreme auf den Löffelbiskuits in der Form verteilen. Erneut eine Schicht getränkte Löffelbiskuits darüberlegen und mit der restlichen Mascarponecreme bestreichen.

Mindestens 6 Stunden oder am besten über Nacht gut abgedeckt kalt stellen und durchziehen lassen. Kurz vor dem Servieren großzügig mit dem Kakaopulver bestreuen.

Tipp: Da die Eier roh verarbeitet werden, achte immer besonders darauf, dass sie schön frisch sind.

Panna Cotta

italienisches Pudding-Dessert mit Himbeeren

La dolce vita zum Löffeln: Die süße Nachspeise aus Sahne, Zucker und frischer Vanille ist schnell gezaubert und passt perfekt zu einem fruchtigen Himbeerpüree. Der schlichte italienische Pudding schmeckt aber auch lecker mit Erdbeeren, Blaubeeren oder Brombeeren. Una panna cotta per tutti!

4 Portionen

20 Minuten Zubereitung | 4 Stunden Kühlzeit

3 Gelatineblätter

½ Vanilleschote

500 ml Sahne

75 g Zucker

250 g Himbeeren, frisch

50 g Puderzucker

2 Pr. Just Spices Kakaokuss

Die Gelatineblätter in kaltem Wasser einweichen. Die Vanilleschote längs halbieren und mit dem Messerrücken das Vanillemark herauskratzen.

In einem Topf die Sahne mit dem Zucker verrühren. Das Vanillemark und die Vanilleschote hinzufügen. Unter Rühren bei mittlerer Hitze erwärmen, bis sich der Zucker aufgelöst hat und die Vanilleschote wieder herausnehmen. Dabei darauf achten, dass die Sahne nicht kocht.

Die Gelatineblätter aus dem Wasser nehmen, mit den Händen gründlich ausdrücken und die Gelatine zur Sahne geben. Unter Rühren erwärmen, bis sich die Gelatine komplett aufgelöst hat, beiseitestellen und 10 Minuten ziehen lassen. Die Panna Cotta in 4 Dessertgläser füllen, abdecken und mindestens 4 Stunden kalt stellen.

Die Hälfte dem Himbeeren durch ein feines Sieb streichen, das entstandene Himbeerpüree mit dem Puderzucker verrühren und die restlichen Himbeeren dazugeben.

Die Panna Cotta zusammen mit dem Himbeerpüree servieren und mit dem Kakaokuss garnieren.

Tipp: Am besten bereitest Du die Panna Cotta einen Tag vorher zu und lässt sie über Nacht im Kühlschrank stehen, damit sie schön fest wird.

Torta della Nonna

italienische Zitronentorte mit Pinienkernen

Ein saftiger Zitronenkuchen „della nonna“ – von der Großmutter – weckt Kindheitsträume an Omas Backkünste. Italienische Nonnas wissen einfach, wie man süße Kuchenträume wahr macht. Knuspriger Mürbeteig, mit einer zitronigen Vanillecreme und aromatischen Pinienkernen vereinen sich zu einer süßen Sünde auf der Kuchengabel.

1 Tarteform (Ø 28 cm)

20 Minuten Zubereitung | 30 Minuten Teigruhe | 45 Minuten Backen

Für den Teig:

450 g Mehl, Type 405

150 g Zucker

2 Eier

200 g Butter, kalt

Salz

2 Pr. Just Spices Kakaokuss

Für die Füllung:

3 Eier

1 Eigelb

225 g Zucker

30 g Mehl, Type 405

30 g Speisestärke

2 Zitronen, Abrieb

1 Vanilleschote

750 ml Milch

120 g Pinienkerne

3 EL Puderzucker

Für den Teig Mehl, Zucker, Eier, Kakaokuss und 1 Prise Salz vermischen. Die Butter in Flocken dazugeben und 5 Minuten mit der Hand zu einem glatten Teig kneten. Den Teig in Frischhaltefolie einwickeln und 30 Minuten kalt stellen.

Für die Füllung Eier, Eigelb und Zucker in einer Schüssel mit einem Schneebesen verrühren, das Mehl und die Speisestärke durch ein Sieb dazugeben und zu einer homogenen Masse rühren. Die Zitronen waschen und die Schale abreiben. Die Vanilleschote aufschneiden und das Mark herauskratzen. In einem Topf Milch, abgeriebene Zitronenschale, Vanillemark und Vanilleschote unter Rühren zum Kochen bringen. Sobald die Milch aufkocht, die Vanilleschote entnehmen und ein Drittel der heißen Milch zum Temperaturausgleich unter Rühren in die Schüssel zur Eier-Zitronenmasse geben. Nun den gesamten Inhalt in den Topf mit der aufgekochten Milch geben und 10 Minuten köcheln lassen, bis eine puddingartige Konsistenz entsteht. Den Topf beiseitestellen und auskühlen lassen.

Den Backofen auf 180 °C (Umluft) vorheizen. Den Teig aus dem Kühlschrank nehmen und halbieren. Beide Hälften auf einer bemehlten Arbeitsfläche ca. 0,5 cm dünn und etwas größer als die Tarteform ausrollen. Die Pinienkerne 5 Minuten in kaltes Wasser legen.

Die Form mit etwas Butter einfetten. Eine Teighälfte in die Form legen und am Rand festdrücken. Die Zitronenfüllung auf dem Boden verteilen, den anderen Teig auflegen, am Rand festdrücken und die überstehenden Ränder abschneiden. Den Teig von oben mit einer Gabel einstechen, die Pinienkerne darauf verteilen und 45 Minuten backen. Den Kuchen herausnehmen, auskühlen und mit Puderzucker bestäuben.

KUSS

Saftiger Schokoladenkuchen

mit Haselnüssen

Ciao Cioccolato! Mit diesem himmlischen Schoko-Haselnuss-Kuchen beweist die italienische Küche, dass sie auch mit wunderbaren Dessert- und Kuchenvariationen punkten kann. Genieße ein Stück von der zart schmelzenden Haselnusstorte mit einem heißen Espresso und der italienische Nachmittag in der Pasticceria ist perfekt. Darf's noch ein zweites Stück sein?

1 Springform (Ø 26 cm)

25 Minuten Zubereitung | 25 Minuten Backen

300 g Zartbitterkuvertüre
200 g Butter
100 g Nougat
150 g Haselnüsse, ganz, blanchiert
5 Eier
160 g Rohrohrzucker, braun
50 ml Espresso
150 g Haselnüsse, gehackt
300 g Haselnüsse, gemahlen
3 EL Puderzucker
Salz
5 Pr. Just Spices Kakaokuss

Die Kuvertüre in kleine Stücke hacken. In einem Topf die Butter, die Kuvertüre und den Nougat unter Rühren bei leichter Hitze schmelzen lassen, beiseitestellen und kalt werden lassen.

Die ganzen, blanchierten Haselnüsse in einer beschichteten Pfanne ohne Fett bei mittlerer Hitze goldgelb anrösten. Dabei gelegentlich umrühren, damit die Nüsse nicht verbrennen. Anschließend herausnehmen und beiseitestellen.

Den Backofen auf 180 °C (Umluft) vorheizen.

Die Eier trennen, das Eiweiß in einer Schüssel mit 1 Prise Salz und 50 g Zucker steif schlagen. In einer separaten Schüssel die Eigelbe mit dem restlichen Zucker und 4 Prisen Kakaokuss 5 Minuten verrühren. Die erkaltete Kuvertüre dazugeben und 1 Minute weiterrühren. Den Espresso und die gehackten und gemahlenen Haselnüsse unterrühren. Den steif geschlagenen Eischnee nach und nach vorsichtig unter den Teig heben.

Die Form mit etwas Butter einfetten und den Teig hineingeben. Die gerösteten Haselnüsse auf dem Teig verteilen und den Kuchen ca. 25–30 Minuten im Ofen backen.

Den Kuchen herausnehmen, 10 Minuten abkühlen lassen und aus der Form lösen. Nach dem Auskühlen mit Puderzucker und 1 Prise Kakaokuss garnieren.

Tipp: Der Kuchen schmeckt besonders gut, wenn er frisch aus dem Backofen kommt und noch warm ist.

Alle Nährwerte auf einen Blick

Du willst wissen, welche Nährwerte sich jeweils hinter den Gerichten verstecken? Wir haben Dir zu jedem unserer Rezepte neben den Kalorien (kcal) zusätzlich den Gehalt an Fett, gesättigten Fettsäuren (GF), Kohlenhydraten (KH), Zucker, Eiweiß sowie den Salzgehalt pro Portion berechnet.

22

637 kcal | 8,4 g Fett | 1,2 g GF
119 g KH | 1,4 g Zucker | 18 g Eiweiß
3,7 g Salz

24

362 kcal | 23 g Fett | 3,3 g GF
32 g KH | 4,2 g Zucker | 5,7 g Eiweiß
2,1 g Salz

26

349 kcal | 23 g Fett | 3,3 g GF
31 g KH | 1,6 g Zucker | 4,8 g Eiweiß
0,93 g Salz

28

399 kcal | 23 g Fett | 3,3 g GF
39 g KH | 7,8 g Zucker | 6,1 g Eiweiß
0,94 g Salz

30

383 kcal | 26 g Fett | 3,7 g GF
32 g KH | 1,4 g Zucker | 4,6 g Eiweiß
1,7 g Salz

32

650 kcal | 34 g Fett | 9,9 g GF
60 g KH | 3,8 g Zucker | 23 g Eiweiß
3,9 g Salz

34

288 kcal | 19 g Fett | 8,5 g GF|
7,6 g KH | 6,9 g Zucker | 19 g Eiweiß
2,1 g Salz

36

361 kcal | 21 g Fett | 3,1 g GF
33 g KH | 1,7 g Zucker | 6,8 g Eiweiß
5 g Salz

38

352 kcal | 28 g Fett | 4,1 g GF
19 g KH | 11 g Zucker | 3,4 g Eiweiß
3,9 g Salz

40

849 kcal | 69 g Fett | 35 g GF
43 g KH | 5,2 g Zucker | 13 g Eiweiß
2,2 g Salz

42

359 kcal | 14 g Fett | 2,1 g GF
48 g KH | 1,6 g Zucker | 8,3 g Eiweiß
0,51 g Salz

46

329 kcal | 27 g Fett | 11 g GF
6,7 g KH | 4,8 g Zucker | 12 g Eiweiß
0,33 g Salz

48

337 kcal | 26 g Fett | 11 g GF
22 g KH | 17 g Zucker | 1,7 g Eiweiß
1,1 g Salz

50

339 kcal | 26 g Fett | 3,4 g GF
19 g KH | 14 g Zucker | 4,4 g Eiweiß
0,73 g Salz

52

601 kcal | 31 g Fett | 7,8 g GF
59 g KH | 3 g Zucker | 18 g Eiweiß
2,1 g Salz

54

568 kcal | 45 g Fett | 18 g GF
23 g KH | 11 g Zucker | 17 g Eiweiß
3,5 g Salz

56

130 kcal | 9,3 g Fett | 1,3 g GF
8 g KH | 7,3 g Zucker | 2,2 g Eiweiß
1,3 g Salz

58

541 kcal | 37 g Fett | 5,3 g GF
43 g KH | 6,8 g Zucker | 7,5 g Eiweiß
2,7 g Salz

64

412 kcal | 6,1 g Fett | 1,6 g GF
72 g KH | 1,2 g Zucker | 15 g Eiweiß
0,62 g Salz

66

342 kcal | 13 g Fett | 2,3 g GF
37 g KH | 4,5 g Zucker | 15 g Eiweiß
1,6 g Salz

68

344 kcal | 18 g Fett | 2,7 g GF
34 g KH | 2,2 g Zucker | 8,2 g Eiweiß
2,2 g Salz

70

448 kcal | 34 g Fett | 16 g GF
5,7 g KH | 4,6 g Zucker | 29 g Eiweiß
1,6 g Salz

74

89 kcal | 4 g Fett | 0,6 g GF
9,5 g KH | 9 g Zucker | 2,7 g Eiweiß
1,1 g Salz

76

480 kcal | 6,7 g Fett | 1,1 g GF
82 g KH | 10 g Zucker | 18 g Eiweiß
2,7 g Salz

78

807 kcal | 49 g Fett | 20 g GF
64 g KH | 11 g Zucker | 24 g Eiweiß
5,5 g Salz

80

523 kcal | 33 g Fett | 21 g GF
33 g KH | 7,2 g Zucker | 23 g Eiweiß
2,4 g Salz

82

493 kcal | 9,1 g Fett | 3,4 g GF
80 g KH | 9,6 g Zucker | 19 g Eiweiß
1,9 g Salz

84

496 kcal | 8,9 g Fett | 1,3 g GF
83 g KH | 12 g Zucker | 16 g Eiweiß
2,1 g Salz

86

695 kcal | 31 g Fett | 14 g GF
81 g KH | 5 g Zucker | 20 g Eiweiß
1,5 g Salz

88

621 kcal | 27 g Fett | 9,9 g GF
64 g KH | 1,7 g Zucker | 28 g Eiweiß
3,2 g Salz

90

883 kcal | 47 g Fett | 6,7 g GF
94 g KH | 3 g Zucker | 17 g Eiweiß
0,2 g Salz

92

608 kcal | 28 g Fett | 15 g GF
70 g KH | 9,6 g Zucker | 16 g Eiweiß
1,2 g Salz

94

606 kcal | 33 g Fett | 14 g GF
54 g KH | 0,8 g Zucker | 22 g Eiweiß
2,5 g Salz

96

814 kcal | 44 g Fett | 17 g GF
63 g KH | 10 g Zucker | 38 g Eiweiß
3,5 g Salz

98

331 kcal | 12 g Fett | 6,9 g GF
45 g KH | 8,1 g Zucker | 8,9 g Eiweiß
1,3 g Salz

100

601 kcal | 16 g Fett | 2,4 g GF
89 g KH | 15 g Zucker | 19 g Eiweiß
4,2 g Salz

102

563 kcal | 5,4 g Fett | 0,8 g GF
95 g KH | 18 g Zucker | 27 g Eiweiß
1,7 g Salz

104

618 kcal | 33 g Fett | 3,8 g GF
62 g KH | 8,2 g Zucker | 15 g Eiweiß
0,61 g Salz

106

493 kcal | 18 g Fett | 7,9 g GF
60 g KH | 5,8 g Zucker | 19 g Eiweiß
1,3 g Salz

108

564 kcal | 21 g Fett | 5,8 g GF
73 g KH | 2 g Zucker | 17 g Eiweiß
1 g Salz

110

483 kcal | 9,6 g Fett | 1,4 g GF
70 g KH | 14 g Zucker | 22 g Eiweiß
1,4 g Salz

112

704 kcal | 43 g Fett | 9,2 g GF
58 g KH | 3,7 g Zucker | 19 g Eiweiß
1,2 g Salz

114

558 kcal | 17 g Fett | 9,2 g GF
71 g KH | 0,9 g Zucker | 27 g Eiweiß
2,4 g Salz

116

316 kcal | 8,4 g Fett | 3,3 g GF
44 g KH | 7,8 g Zucker | 13 g Eiweiß
0,9 g Salz

118

930 kcal | 67 g Fett | 30 g GF
34 g KH | 10 g Zucker | 48 g Eiweiß
3 g Salz

120

1106 kcal | 85 g Fett | 42 g GF
33 g KH | 14 g Zucker | 52 g Eiweiß
4,6 g Salz

126

238 kcal | 1,6 g Fett | 0,4 g GF
47 g KH | 1,3 g Zucker | 7,7 g Eiweiß
1 g Salz

128

373 kcal | 22 g Fett | 14 g GF
34 g KH | 1,5 g Zucker | 9,4 g Eiweiß
1,1 g Salz

130

363 kcal | 16 g Fett | 6,7 g GF
40 g KH | 4,9 g Zucker | 13 g Eiweiß
1,5 g Salz

132

826 kcal | 66 g Fett | 31 g GF
39 g KH | 6,1 g Zucker | 17 g Eiweiß
3,4 g Salz

538 kcal | 34 g Fett | 10 g GF
43 g KH | 6,6 g Zucker | 14 g Eiweiß
1,9 g Salz

500 kcal | 22 g Fett | 13 g GF
61 g KH | 1,8 g Zucker | 14 g Eiweiß
1,8 g Salz

536 kcal | 22 g Fett | 13 g GF
66 g KH | 6,6 g Zucker | 15 g Eiweiß
1,6 g Salz

538 kcal | 22 g Fett | 13 g GF
69 g KH | 2,2 g Zucker | 14 g Eiweiß
1,9 g Salz

660 kcal | 30 g Fett | 14 g GF
65 g KH | 2,5 g Zucker | 26 g Eiweiß
2,3 g Salz

727 kcal | 43 g Fett | 25 g GF
66 g KH | 6,5 g Zucker | 16 g Eiweiß
1,5 g Salz

552 kcal | 23 g Fett | 15 g GF
67 g KH | 12 g Zucker | 18 g Eiweiß
0,91 g Salz

627 kcal | 42 g Fett | 20 g GF
41 g KH | 11 g Zucker | 19 g Eiweiß
3,9 g Salz

824 kcal | 60 g Fett | 30 g GF
36 g KH | 12 g Zucker | 34 g Eiweiß
2,4 g Salz

341 kcal | 16 g Fett | 6,6 g GF
34 g KH | 3,1 g Zucker | 13 g Eiweiß
3,9 g Salz

627 kcal | 42 g Fett | 20 g GF
41 g KH | 11 g Zucker | 19 g Eiweiß
3,9 g Salz

113 kcal | 4,1 g Fett | 0,6 g GF
16 g KH | 4,2 g Zucker | 1,6 g Eiweiß
1 g Salz

151 kcal | 7,8 g Fett | 1,2 g GF
14 g KH | 9,3 g Zucker | 4 g Eiweiß
2,7 g Salz

296 kcal | 11 g Fett | 1,6 g GF
41 g KH | 2,3 g Zucker | 5,3 g Eiweiß
1,6 g Salz

242 kcal | 14 g Fett | 4,2 g GF
22 g KH | 1 g Zucker | 5,9 g Eiweiß
2 g Salz

509 kcal | 30 g Fett | 16 g GF
49 g KH | 6,6 g Zucker | 7,9 g Eiweiß
6,6 g Salz

226 kcal | 18 g Fett | 6,7 g GF
4,8 g KH | 3,5 g Zucker | 9,9 g Eiweiß
1,8 g Salz

1017 kcal | 52 g Fett | 21 g GF
94 g KH | 15 g Zucker | 37 g Eiweiß
6 g Salz

506 kcal | 42 g Fett | 19 g GF
22 g KH | 7,3 g Zucker | 10 g Eiweiß
3,6 g Salz

390 kcal | 22 g Fett | 3,2 g GF
37 g KH | 14 g Zucker | 8,3 g Eiweiß
1,5 g Salz

696 kcal | 56 g Fett | 32 g GF
23 g KH | 6,2 g Zucker | 24 g Eiweiß
2,2 g Salz

259 kcal | 4,8 g Fett | 0,7 g GF
36 g KH | 11 g Zucker | 13 g Eiweiß
1,7 g Salz

618 kcal | 14 g Fett | 4,3 g GF
87 g KH | 28 g Zucker | 26 g Eiweiß
3,2 g Salz

301 kcal | 15 g Fett | 5,8 g GF
1,8 g KH | 1,4 g Zucker | 40 g Eiweiß
2,3 g Salz

935 kcal | 63 g Fett | 20 g GF
8,9 g KH | 7,3 g Zucker | 82 g Eiweiß
3,3 g Salz

779 kcal | 45 g Fett | 13 g GF
32 g KH | 12 g Zucker | 60 g Eiweiß
1,4 g Salz

466 kcal | 29 g Fett | 7,4 g GF
5,1 g KH | 2,7 g Zucker | 45 g Eiweiß
1,1 g Salz

425 kcal | 20 g Fett | 6,8 g GF
16 g KH | 12 g Zucker | 45 g Eiweiß
3,2 g Salz

495 kcal | 28 g Fett | 10 g GF
11 g KH | 8,8 g Zucker | 47 g Eiweiß
1,8 g Salz

505 kcal | 33 g Fett | 12 g GF
9,4 g KH | 7,5 g Zucker | 41 g Eiweiß
2 g Salz

298 kcal | 17 g Fett | 2,6 g GF
7,9 g KH | 6,3 g Zucker | 27 g Eiweiß
1,6 g Salz

374 kcal | 21 g Fett | 2,9 g GF
14 g KH | 4,9 g Zucker | 31 g Eiweiß
3,2 g Salz

1036 kcal | 87 g Fett | 21 g GF
15 g KH | 2,3 g Zucker | 48 g Eiweiß
1,7 g Salz

859 kcal | 24 g Fett | 3,5 g GF
135 g KH | 6,7 g Zucker | 21 g Eiweiß
5 g Salz

1205 kcal | 52 g Fett | 7,4 g GF
153 g KH | 8,2 g Zucker | 25 g Eiweiß
7,6 g Salz

739 kcal | 41 g Fett | 5,9 g GF
78 g KH | 5,9 g Zucker | 13 g Eiweiß
4,9 g Salz

1167 kcal | 76 g Fett | 27 g GF
84 g KH | 12 g Zucker | 33 g Eiweiß
5,7 g Salz

619 kcal | 1,8 g Fett | 0,3 g GF
128 g KH | 1,5 g Zucker | 19 g Eiweiß
4,9 g Salz

1110 kcal | 20 g Fett | 9,9 g GF
181 g KH | 15 g Zucker | 44 g Eiweiß
8,5 g Salz

1172 kcal | 30 g Fett | 20 g GF
172 g KH | 6,5 g Zucker | 50 g Eiweiß
9,8 g Salz

1025 kcal | 16 g Fett | 9,4 g GF
176 g KH | 10 g Zucker | 39 g Eiweiß
8,4 g Salz

1228 kcal | 31 g Fett | 16 g GF
176 g KH | 10 g Zucker | 56 g Eiweiß
10,6 g Salz

1119 kcal | 24 g Fett | 12 g GF
178 g KH | 11 g Zucker | 44 g Eiweiß
8,4 g Salz

1021 kcal | 21 g Fett | 2,8 g GF
175 g KH | 8,3 g Zucker | 28 g Eiweiß
8,1 g Salz

569 kcal | 14 g Fett | 9,1 g GF
85 g KH | 1,2 g Zucker | 23 g Eiweiß
3,7 g Salz

1086 kcal | 24 g Fett | 7,1 g GF
171 g KH | 5,7 g Zucker | 42 g Eiweiß
8,8 g Salz

1001 kcal | 52 g Fett | 14 g GF
107 g KH | 52 g Zucker | 23 g Eiweiß
<0,01 g Salz

864 kcal | 65 g Fett | 33 g GF
51 g KH | 50 g Zucker | 16 g Eiweiß
0,43 g Salz

1224 kcal | 91 g Fett | 56 g GF
77 g KH | 53 g Zucker | 23 g Eiweiß
0,9 g Salz

752 kcal | 45 g Fett | 26 g GF
66 g KH | 66 g Zucker | 5,1 g Eiweiß
0,12 g Salz

1607 kcal | 73 g Fett | 36 g GF
208 g KH | 113 g Zucker | 28 g Eiweiß
0,93 g Salz

2106 kcal | 164 g Fett | 52 g GF
108 g KH | 108 g Zucker | 40 g Eiweiß
0,71 g Salz

Die Nährwertangaben basieren auf Durchschnittswerten und dienen zur Orientierung. Die tatsächlichen Werte können aufgrund biologischer Unterschiede wie der Bodenbeschaffenheit, Anbau- und Fütterungsbedingungen, Wetter sowie Zubereitungsformen von den ausgewiesenen Nährwertangaben abweichen. Die Portionsgrößen orientieren sich an der Angabe des jeweiligen Rezeptes.

Register

A

B

C

D

F

Z

Zitrone

Zucchini

DANKE!

DAS KÖNNEN WIR GAR NICHT OFT GENUG SAGEN.

Wir danken zuallererst Euch, **Spicebuddies**. Ihr seid der Grund, warum wir unsere kleine spicy Idee zu unserer wichtigsten Mission machen konnten. Weshalb wir, 3 WG-Buddies aus der Studienzeit, zu einer erfolgreichen, innovativen Marke auf dem Gewürzmarkt werden konnten. Warum wir vom Kellerraum in Florians Elternhaus in unser eigenes Büro gezogen sind. Weshalb wir so viele Menschen, inklusive uns selbst, für das Kochen begeistert haben. Nur durch Eure Treue konnten wir den Markt kunterbunt aufmischen.

Wir danken Euch, **Just Spices Family**. Unser Unternehmen, der Spirit und die Leidenschaft in unserem Team, fasziniert uns jeden Tag. Ihr seid der Ursprung all unserer Ideen. Unsere Motivation, jeden Tag alles zu geben, größer zu denken und weiter zu gehen. Unser Zusammenhalt ist besonders. Und absolut nicht selbstverständlich.

Wir danken Euch, **Niccolo, Ivan, Nicolas, Franklin, Andrew, Arpon, Matthäus, Friedrich, Daniel und Nico**. Danke für Euer Vertrauen und dass Ihr mit uns gemeinsam den nächsten Schritt geht.

Wir danken Euch, dem **Kochbuch-Team**. Eure kunterbunten Ideen, Eure unerschütterliche Zielstrebigkeit, Eure Struktur, Eure Kreativität und Leidenschaft haben uns und Euch ein weiteres Herzensprojekt erfüllt.
Wir sind unfassbar stolz auf Euch.

Tausend Dank, mille grazie, auf noch so viel mehr!

Impressum

EINFACH ITALIEN

EINFACH LECKER

Erlebe den Geschmack & die Freude
der italienischen Küche

2. Auflage 2020

Schiessstraße 44a
40549 Düsseldorf

Fotos: Just Spices GmbH
Foto S. 13: Vicky Baumann
Externe Texterin: Luca Sofia Kalenborn
Illustrationen: Sonja Marterner, Sonnenstaub
Druck: NEOGRAFIA, a.s., Sučianska 39A, 038 61
Martin-Priekopa, Slowakei

ISBN 978-3-00-065131-1